マルクス『資本論』のすすめ

「新版」で読む

山口富男
Tomio Yamaguchi

学習の友社

まえがき

この本には、カール・マルクスの主著『資本論』への挑戦をすすめる三つの論文をおさめました。これらの論文は、二〇二〇年五月から二〇二一年六月に発表したものです。

第一章「新型コロナ危機のもとで『資本論』を読む」は、学習組織全国連絡会議でおこなった記念講演です。こんにちの時代に『資本論』を読むことの意味を、人間と社会との関係、人間と自然との関係に着目しながら考えました。

第二章「新版『資本論』の刊行とその特徴」は、二〇二一年七月に完結した新版『資本論』（全一二冊）の主な特徴と刊行の経過について、経済学研究者のみなさんに報告したものです。

第三章「マルクスの労働時間・工場法論と現代」は、各地でおこなった学習会の記録で、第一部第八章の「労働日」を読むことに主眼をおきました。ここでは、日本共産党綱領と『資本論』との結びつきについても触れています。

講演、報告、講義と、話のスタイルは違いますが、そこには『資本論』を読んでみようという共通の呼びかけがあります。本書を『マルクス「資本論」のすすめ　新版で読む』と題した所以です。

一冊にまとめるにあたって、整理・加筆をおこない、あらたな注と『資本論』年表を加えました。

多少の重複点は残りましたが、それぞれの角度からの接近という面もあり、そのまま収録しました。ご了解ください。

本書によって、『資本論』との新たな出会いが生まれるように願っています。

山口　富男

二〇二一年一一月

＊『資本論』からの引用と参照ページは、新版『資本論』（新日本出版社）によった。また、マルクス、エンゲルスの邦訳文献からの引用は、『マルクス・エンゲルス全集』（大月書店）、『マルクス　資本論草稿集』（大月書店）、『科学的社会主義の古典選書』（新日本出版社）によった。訳語、訳文については、必要におうじて変更した場合がある。

【目次】

第一章　新型コロナ危機のもとで『資本論』を読む

はじめに――講演テーマの提案を受けて

新型コロナウイルス感染症をめぐる問題は、医療と福祉、雇用と営業、さらに研究と教育、文化の分野をはじめとして、私たちの暮らしに深刻な影響を与えています。

近所のお店に「しんぶん赤旗」日曜版を届けたところ、店頭に「休業」という大きな張り紙があり、あわててご自宅に伺いました。私たちの暮らしのごく身近なところへの影響のひろがりをあらためて痛感しました。この問題は、全国で、そしていろいろな運動をされているみなさんのなかで、日本の政治や社会の現状を深くとらえ直す契機となっています。主催者から提案された講演テーマにも、そのような問題関心があるように思います。

こうしたなかで、いま、さまざまな分野から『資本論』に関心が寄せられています。テレビでも、新聞・雑誌でも著者カール・マルクス（一八一八～八三）に関連した話題をみかけます。

マルクスは、いまから一五四年前の一八六七年九月、『資本論』第一部をドイツ・ハンブルクのマイスナー書店から刊行しました。そして、この著作のなかで、資本主義社会への根本的な批判をおこない、変革の課題と未来社会への展望を示しました。マルクスと『資本論』に関心が寄せられているのも、その解明が、二一世紀の現代と未来を考えるさいに、不可欠のものになっているからだと思います。

それでは、講演テーマにそって、『資本論』を読みたいと思います。

I　マルクスと『資本論』――現状を見据え、活路を探る

私たちは、コロナ・パンデミック（世界的流行）を経験するなかで、資本の利益を最優先にする新自由主義とその政策が、いかに社会を脆弱化させ、不合理を横行させてきたかを肌身で感じてきました。コロナ危機をきっかけに、解雇や雇止めがひろがり、女性や若者に深刻な被害をもたらしています。

全国各地で、民青同盟のみなさんが、学生たちへの食糧支援の活動をやっています。主催者が驚くほどに若者がかけつけ、いろいろな方が現状に心を痛め、〝私も加わっていいか〟と声をあげて支援活動に参加しています。

一月三日（二〇二一年）の「しんぶん赤旗」に、音楽家の坂本龍一さんへのインタビューが掲載されていました。坂本さんも、〝資本主義のあり方を根本的に見直さなければ人類の未来はない〟

と発言されています。こうした声があちらこちらでひろがっています。

『資本論』には、このような声にこたえ、あらたな力を与える解明がたくさんあります。はじめに、人間と社会との関係、次に人間と自然との関係、この二つの面で、『資本論』がどのような解明をおこなっているのか、見てゆきましょう。

（1）「利潤第一主義」とその克服をめぐって

マルクスは、『資本論』執筆の目的を、「近代社会の経済的運動法則を暴露する」ことにおきました。そして、この解明によって、新しい社会への「生みの苦しみを短くし、やわらげることはできる」と述べました（第一部初版への序言、①一四ページ／WⅠ一五〜一六ページ。以下◯数字とそのページは新版『資本論』の分冊ページを、WⅠ、Ⅲはドイツ語版『資本論』として入手しやすいヴェルケ版[①]第一巻、第三巻のページを指す）。

この研究をつうじてマルクスは、資本主義的搾取による剰余価値の大きな獲得が資本主義的生産の本性、「絶対的な致富衝動」（②二六六ページ／WⅠ一六八ページ）であり、労働者の健康や生命、生活をも犠牲にすること、同時に、これが一人ひとりの資本家の善意や悪意をこえた、資本主義の強制法則であることを明らかにしました。

---

① ドイツで発行されている『マルクス・エンゲルス著作集(ヴェルケ)』（カール・ディーツ社）のこと。大月書店から刊行された『マルクス・エンゲルス全集』の底本になったもの。

代表的な記述をあげてみます。

「資本家としては、彼はただ人格化された資本にすぎない。彼の魂は資本の魂である。ところが、資本は唯一の生活本能を、すなわち自己を増殖し、剰余価値を創造し、その不変部分である生産諸手段で、できる限り大きな量の剰余労働を吸収しようとする本能を、もっている。」（第一部第三篇第八章「労働日」、②四〇一ページ／WＩ二四七ページ）

「〝大洪水よ、わが亡きあとに来たれ！〟これがすべての資本家およびすべての資本家国家のスローガンである。それだから、資本は、社会によって強制されるのでなければ、労働者の健康と寿命にたいし、なんらの顧慮も払わない。……このこともまた、個々の資本家の善意または悪意に依存するものではない。自由競争は、資本主義的生産の内在的な諸法則を、個々の資本家にたいして外的な強制法則として通用させるのである。」（同、②四七一ページ／WＩ二八五～二八六ページ）

言い回しに多少の難しさはあっても、マルクスの言わんとするところは、みなさんの胸にすとんと落ちると思います。

『資本論』の分析は、個々の企業での搾取や抑圧の問題だけにとどまりません。マルクスは社会全体に視野をひろげて、「生産のための生産」に突き進む「利潤第一主義」[②]が、「産業予備軍」（相対的過剰人口と呼ばれる失業・半失業の膨大な人々）を生み出しながら、労働者階級の全体を搾取の鎖に縛りつけ、貧困や労働苦、社会的格差をひろげてゆくことを明らかにしました。たとえば、次のように述べています。

「相対的過剰人口または産業予備軍を蓄積の範囲とエネルギーとに絶えず均衡させる法則は、ヘファイストスの楔がプロメテウスを岩に縛りつけたよりもいっそう固く、労働者を資本に縛りつける。この法則は、資本の蓄積に照応する貧困の蓄積を条件づける。したがって、一方の極における富の蓄積は、同時に、その対極における、すなわち自分自身の生産物を資本として生産する階級の側における、貧困、労働苦、奴隷状態、無知、野蛮化、および道徳的堕落の蓄積である。」（第一部第七篇第二三章「資本主義的蓄積の一般的法則」、④一一二六ページ／WⅠ六七五ページ）

コロナ危機のもとでも、私たちは、社会的に弱い立場にある人々に、より大きな打撃が加わっていることを、現実に経験しています。

資本の行動原理への社会的規制

② 剰余価値は、資本主義社会では、産業資本家の手に残る産業利潤のほか、利子、地代などに分割される。ここでは、日常語としてもつかみやすいように、剰余価値のできるだけ大きな生産が資本主義的生産の本性だということを、「利潤第一主義」という言葉で表現した。

このような資本主義的生産を特徴づける「生産のための生産」は、資本のための生産であって、現実に働く生産者の生活条件の向上を目的としたものではありません。労働の社会的な生産力が「資本の生産力」として現われるのです（③五八九ページ、WⅠ三五三ページ）。資本によるできるだけ大きな剰余価値の獲得、それを資本の行動原理にした利潤第一主義は、生産の担い手の収奪と貧困化のもとで進行し、この体制の基盤を揺るがす深刻な矛盾や衝突を引き起こします。マルクスは、これを資本主義的生産の「真の制限」と呼びました。私たちは、いまこの矛盾・衝突のただなかにいます。

マルクスの指摘を読んでみましょう。

「資本主義的生産の真の制限は、資本そのものである。というのは、資本とその自己増殖とが、生産の出発点および終結点として、生産の動機および目的として、現われる、ということである。生産は資本のための生産にすぎないということ、そして、その逆に、生産諸手段は、生産者たちの社会のために生活過程をつねに拡大形成していくためにだけ役立つ諸手段なのではない、ということである。それゆえ、生産者大衆の収奪と貧困化とにもとづく資本価値の維持および増殖がその内部でのみ運動しうる諸制限――このような諸制限は、資本が自己の目的を達成するために使用せざるをえない生産諸方法……とは、つねに矛盾することになる。」（第三部第三篇第一五章「この法則の内的諸矛盾の展開」、⑧四二九ページ／WⅢ二六〇ページ）

さらに資本主義経済は、利潤獲得の競争のなかで、〝大量生産・大量消費・大量廃棄〟といわれるようにたいへんな浪費を生みだします。マルクスは、未来社会と対比する文脈のなかで、資本主義の浪費的性格を、つぎのように指摘しています。

「資本主義的生産様式は、個々の事業所内では節約を強制するが、その無政府的な競争制度は、社会的な生産手段と労働力の際限のない浪費を生み出し、それとともに、こんにちでは不可欠であるがそれ自体としては不必要な無数の機能を生み出す。」（第一部第五篇第一五章「労働力の価格と剰余価値との大きさの変動」、③九二〇ページ／WI五五二ページ）

マルクスは、資本主義の利潤第一主義を告発しただけではありません。『資本論』は、働く人々がこれに対抗してたたかう展望をしめしました。この点に、『資本論』の大きな特徴があります。その内容は、資本の行動原理、横暴にたいして、私たちが「社会的ルール」をつくって、規制を加えてゆくというものです。

「自分たちを悩ます蛇にたいする『防衛』のために、労働者たちは結集し、階級として一つの国法を、資本との自由意思による契約によって自分たちとその同族とを売って死と奴隷状態とにおとしいれることを彼らみずから阻止する強力な社会的バリケードを、奪取しなければならない。」（第一部第三篇第八章「労働日」、②五三二ページ／WI三二〇ページ）

「自分たちを悩ます蛇」とは、マルクスが友人ハイネ（一七九七〜一八五六）の詩からとった言葉で、労働者にたいする資本の貪欲な搾取のことです。その労働者たちが力をあわせ、強力な「社会的バリケード」を獲得するとは、法律によって労働時間を制限する、今日の言葉でいえば、「社会的な規制」、「社会的ルール」を実現することにほかなりません。

社会体制上の解決と未来社会

人間の生産活動は、生産者と「生産手段」（労働対象、労働手段）とが結びつくことによって成り立ちます。

マルクスは、『資本論』第一部第三篇第五章「労働過程と価値増殖過程」のなかで、労働過程を、特定の社会的形態とかかわりなく、一般的な本性として考察し、労働過程の三要素（人間の労働そのもの、労働対象、労働手段）を解明しました（②三〇九〜三一一ページ）。ついで、労働過程の結果から見れば、「労働手段と労働対象」の両者が生産手段だとします（②三一五〜三一六ページ）。

資本主義社会では、働き手は生産手段から分離され、資本家に労働力を販売して生活しています。生産者と生産手段とが分離され、資本家の手に生産手段が所有される――搾取と利潤第一主義も、ここから生まれていました。

この状態をあらためるために、より根本的には、生産手段の社会化による、社会体制上の解決を求めますが、この点は、次のような印象的な言い回しで述べられています。

「資本主義的私的所有の弔鐘が鳴る。収奪者が収奪される[③]」（第一部第七篇第二四章の第七節「資本主義的蓄積の歴史的傾向」、④一三三二ページ／WⅠ七九〇～七九一ページ）

現実に協力して生産活動にあたっている生産者たち――マルクスは「結合した生産者たち」と呼びました――の手に、生産手段をうつす。このことによって、生産者と生産手段との本来的な結びつきを回復し、利潤第一主義と資本の支配を断ち切って、新しい社会をめざす、というわけです。

マルクスの展望した未来社会とは、次のような特徴をもった社会です。

「共同的生産手段で労働し自分たちの多くの個人的労働力を自覚的に一つの社会的労働力として支出する自由な人々の連合体」（第一部第一篇第一章「商品」、①一四〇ページ／WⅠ九二ページ）

「各個人の完全で自由な発展を基本原理とするより高度な社会形態」（同第七篇第二二章「剰余価値の資本への転化」、④一〇三〇ページ／WⅠ六一八ページ）

③　マルクスは、「収奪者が収奪される」という言葉について、労働を奴隷化し搾取する手段となっている生産手段を、「自由で結合した労働の純然たる道具に変えることによって、個人的所有を事実」にするものだと説明している（「フランスにおける内乱」、一八七一年、『全集』一七巻三一九ページ）。

人間と社会との関係をめぐっては、これらの点にマルクスの解明の中心点がありました。そして、資本主義の矛盾の大もとをつかんだマルクスの解明は、利潤第一主義が引き起こしている今日の諸問題とその打開方向を考えるさいのたしかな足場を、私たちに提供しています。

(2) 労働を媒介とする人間と自然との「物質代謝」

次に、人間と自然との関係です。いま大きな関心が寄せられている問題の一つに、地球規模での環境破壊とコロナ・パンデミック(世界的流行)があります。

専門家は、経済活動の生態系への無秩序な進出、熱帯雨林や森林破壊でおこる野生動物の生育域の縮小などによって、人間と動物の距離が縮まり、人間と新たな病原体との接触の可能性が高まっていると指摘しています。

数日前のことですが、「朝日新聞」に、感染症の専門家である長崎大学熱帯医学研究所教授の山本太郎さんへの長文のインタビューが掲載されました。山本さんは、「感染症の流行を防げないのでしょうか?」という質問にたいして、次のように指摘しています。

「どのようなウイルスが流行するかは、社会のあり方が決めます。農業が始まって定住人口が増えたころ、野生動物の家畜化が進み、人と動物の距離が縮まり、感染症はいっきに増えました。そして今、半世紀ほどの間に新興感染症がすごく増えています。道路やダムの開発による熱帯雨林の縮小、地球温暖化もあいまって、再び野生動物と人の距離が近づいたことが原因といえます。『本来あるべき姿にない状態への警鐘』ととらえるべきでしょう。ウイルスはいつの時代にも存在しているが、パンデミックになるかどうかは人間側の要因で決まるのです。」（二〇二一年一月一五日、朝日新聞一三面「新型コロナ　感染症と生きるには」）

ここにも、利潤第一主義による生態系の破壊、分断のひろがりという問題が横たわっていると思います。

マルクスは『資本論』で人間の社会的な交流を重視するとともに、人間が自然との豊かな交流のなかで生きていることを強調し、この関係を、労働を媒介とする人間と自然との「物質代謝」と特徴づけました。

第一部第一篇第一章「商品」での次の指摘です。

「労働は、使用価値の形成者としては、有用的労働としては、あらゆる社会形態から独立した、人間の一存在条件であり、人間と自然との物質代謝を、したがって人間的生活を媒介する永遠の自然必然性である。」（第一篇第一章「商品」の第二節「商品に表わされる労働の二重性格」、①七九ページ／WⅠ五七ページ）

第一部第三篇第五章「労働過程と価値増殖過程」の第一節「労働過程」では、こう述べています。

「労働は、まず第一に、人間と自然とのあいだの一過程、すなわち人間が自然とのその物質代謝を彼自身の行為によって媒介し、規制し、管理する一過程である。」（②三一〇㌻／WＩ一九二㌻）

「物質代謝」という言葉は、みなさんも中学や高校の授業で聞かれたと思います。もともとは生化学の用語で、生命体が外界から栄養物質をとりくみ、これを変化させて、自分の構成物質やエネルギー源としたうえで、不要な部分を体外に排出する作用をさします。マルクスは、人間が労働によって自然からいろいろな素材をとりこみ、それを加工して生活手段に変えることを、生命体の活動にたとえ、人間と自然との「物質代謝（Stoffwechsel）」[④]と呼んだのでした。

『資本論』の邦訳では、河上肇（一八七九～一九四六）が「物質代謝」という訳語をはじめて使ったのではないかと思います。河上は、マルクスが生化学の術語を意識的に転用していることを重視し、この訳語を用いると述べています（『資本論入門』、『河上肇全集』続二巻三八五㌻）。それ以前の邦訳では、生田長江訳で「物質交換」、松浦要訳では「材料の交換」、高畠素之訳では「代謝機能」という訳語があてられていました。

資本による撹乱を規制し、克服する展望

さらにマルクスは、剰余価値の拡大にたいする資本の限りない衝動が、人間と自然との物質代謝の前提となる自然条件をも撹乱してゆくことを、するどく警告しました。第一部第四篇第一三章

「機械と大工業」の第一〇節「大工業と農業」での、次の指摘です。

「資本主義的生産は、それが大中心地に堆積させる都市人口がますます優勢になるに従って、一方では、社会の歴史的原動力を蓄積するが、他方では、人間と土地とのあいだの物質代謝を、すなわち、人間により食料および衣料の形態で消費された土地成分の土地への回帰を、したがって持続的な土地豊度の永久的自然条件を撹乱する。」（③八八〇～八八一ページ／WⅠ五二八ページ）

ここでは農業を問題にしていますから、マルクスは、土地の成分や土地の豊度、肥沃度が撹乱されることを論じています。現在では、この撹乱が生態系の破壊や地球規模の気候変動まで引き起こす事態を生みだしているわけです。

地球規模での気候変動は、人類の未来を断ち切ってしまうほどの危険性をもっています。最近、NHKのテレビ番組が「二〇三〇　未来への分岐点」と名付けて特集を組みはじめました。これは、二〇一五年九月の国連サミットで採択された〝持続可能な開発目標〟を意識したものです。科学者たちは、地球が大変調をきたして暴走する危険があると、くりかえし指摘しています。これに対応できなければ、資本主義は地球の「管理能力」すら失っていることになります。

---

④　新版『資本論』では、社会的な形態変換という文脈でこの用語が用いられる場合、これを「素材変換」と訳出している（①一八五ページほか）。

マルクスは、先ほどの引用文に続けて、自然条件の撹乱を克服する展望もきちんと述べています。

「しかしそれは同時に、あの物質代謝の単に自然発生的に生じた諸状態を破壊することを通じて、その物質代謝を、社会的生産の規制的法則として、また完全な人間の発展に適合した形態において、体系的に再建することを強制する。」（③八八一ページ／WⅠ五二八ページ）

私たちの社会として、資本による自然条件の撹乱・破壊を規制・抑制し、人間と自然との交流を、人間の発展にふさわしいかたちですすめよう――これが『資本論』の立場です。

そして、マルクスは、この立場を未来社会論としても重視しました。

未来社会論をまとまった形で述べた第三部第七篇の冒頭で、次のように指摘しています。

「結合した生産者たちが、……この自然との物質代謝を合理的に規制し、自分たちの共同の管理のもとにおくこと、すなわち、最小の力の支出で、みずからの人間性にもっともふさわしい、もっとも適合した諸条件のもとでこの物質代謝を行なうこと」（第三部第七篇第四八章「三位一体的定式」、⑫一四六〇ページ／WⅢ八二八ページ）

このように、『資本論』は、人間と自然との関係においても、今日の事態の深刻さと打開の展望を考えるうえでの、重要な視点を提供しているのです。

マルクスは「科学の目」で資本主義的生産を分析し、人間と社会との関係においても、人間と自然との関係においても、資本主義は人間社会の永遠に続くあり方ではない、これを変革してゆく展望があるとの結論を出しました。この歴史的な見方が今日、重要になっていると思います。

私たちが、マルクスと『資本論』の魅力を語り、また多くのみなさんに『資本論』への挑戦を呼びかけてゆく場合にも、直面している現実の諸問題にたいして、マルクスの解明がもつ意味を述べてゆくことが大切でしょう。

Ⅱ　マルクスと『資本論』――新たな社会への展望と変革の諸条件

『資本論』の大きな特徴は、資本主義への徹底的な批判にとどまらず、これを乗りこえる新しい社会への展望を明らかにした点にあります。マルクスは、未来社会の全体的な特徴を述べるとともに、資本主義の発展がそれ自身のなかに新たな社会にむかう諸条件を生みだすことを重視しました。

次の文章も、その一例です。文章の一部は、先ほどマルクスの展望した未来社会の特徴としても紹介したものです。

「彼〔価値増殖を追い求める資本＝山口〕は容赦なく人類を強制して、生産のために生産させ、したがって社会的生産諸力を発展させ、そしてまた、各個人の完全で自由な発展を基本原理とするより高度な社会形態の唯一の現実的土台となりうる物質的生産諸条件を創造させる。」（第一部第七篇第二二章「剰余価値の資本への転化」、④一〇三〇ページ／ＷＩ六一八ページ）

ここにある「物質的生産諸条件」という言葉は、かなりひろい意味の言葉だと思いますが、マルクスはこのような展望をもちました。

この点をもう少し見てゆきましょう。

(1) マルクスの未来社会論とその探究

はじめに未来社会の全体像を、マルクスがどう見ているかです。

マルクスは、『資本論』第一部で述べた「自由な人々の連合体」、「各個人の完全で自由な発展を基本原理とするより高度な社会形態」という指摘とあわせて、第三部第七篇第四八章「三位一体的定式」の冒頭部分で、よりまとまった形で未来社会論を述べています。ここでは、結論的な命題の部分を紹介します。

「この国〔必然性の国＝山口〕の彼岸において、それ自体が目的であるとされる人間の力の発達が、真の自由の国が――といっても、それはただ、自己の基礎としての右の必然性の国の上にのみ開花することができるのであるが――始まる。労働日の短縮が根本条件である。」（第三部第七篇第四八章「三位一体的定式」、⑫一四六〇ページ／WⅢ八二八ページ）

「必然性の国」、「自由の国」という言葉は、ここではじめて登場するもので、マルクスは、人間の生活時間を二つの領域に区分した用語として使っています。

「必然性の国」とは人間が自分自身と家族の生活を含め、社会全体を維持・発展させるために必要な「本来の物質的生産」にたずさわる時間のこと、「自由の国」とはそれ以外の自由に使うことのできる「自由に処分できる時間」のことを指します。この後者の時間が、社会において知的活動をはじめ、人間の能力を多面的に発展させる重要な場になるという位置づけです。

いま、読み上げた文章から、未来社会の全体像として三つの点が読み取れます。

一つは、資本主義的搾取を乗りこえた社会では、「人間の力の発達」そのものが社会の大きな「目的」になることです。二つ目は、人間の発達はさまざまなかたちで生産過程にも反映してゆきますから、これが物質的生産にかける時間を短くし、「自由の国」をひろげるという関係が生まれます。マルクスは、この関係を、〝「真の自由の国」は、「必然性の国」の上にのみ開花する〟と特徴づけたのでしょう。人間の自由な発達が、社会発展の大きな力になるという解明です。三つ目に、「自由の国」の拡大の根本条件は、労働時間の短縮にあるという位置づけです。

これらの点は、「各個人の完全で自由な発展を基本原理」とする人間社会の、新しい発展段階としての大きな特徴をしめしたものでした。

この点が明瞭になると、労働と諸個人の自由との関係を論じた『資本論』第一部での次の言明も、未来社会にかかわる考察として、面白く読むことができます。第五篇第一五章の叙述です。

「労働の強度と生産力が与えられているとすれば、そして労働が社会の労働能力あるすべての成員のあいだに均等に配分されていればいるほど、また、ある社会層が労働の自然的必要性を自分自身から他の社会層に転嫁することができなくなればなるほど、社会的労働日のうちで物質的生産のために必要な部分〔〝必然性の国〟にあたる＝山口〕がそれだけ短くなり、したがって、諸個人の自由な精神的および社会的な活動のために獲得される時間部分〔〝自由の国〟にあたる＝山口〕がそれだけ大きくなる。労働日短縮のための絶対的限界は、この面からすれば、労働の普遍性である。資本主義社会においては、一階級の自由な時間は、大衆のすべての生活時間を労働時間へ転化することによって生み出される。」（第五篇第一五章「労働力の価格と剰余価値との大きさの変動」、③九二〇～九二一ページ／WI五五二ページ）

マルクスは、第三部の草稿を書きあげた後、一八六六～六七年に第一部の完成稿を手掛けます。いま読み上げた部分もこのなかで仕上げられたと考えられます。労働時間の短縮と自由な時間の獲得の重要性を、第一部において強調しているものです。新版『資本論』では、この点を意識して、次の訳注を付しています。

「未来社会における労働時間短縮の意義についての『資本論』での最初の叙述。本格的な展開は、現行版第三部、第七篇、第四八章の冒頭部分で行なわれる。」（③九二一ページの訳注＊2）

労働時間の短縮と「自由に処分できる時間」

マルクスは、『共産党宣言』（一八四八年、ロンドン）のなかで、未来社会について、これを「各人の自由な発展が、万人の自由な発展のための条件である連合体〔Assoziation〕」（古典選書『共産党宣言／共産主義の諸原理』八六ページ）と意義づけました。

マルクスは、一八四八～四九年のドイツ革命敗北後、イギリスに亡命し、そこで経済学の研究を再開します（本書巻末の『資本論』年表参照）。一八五〇年からは、大英博物館の図書を利用して閲覧室での勉強をつづけます（大英博物館の図書部門は一九七三年に大英博物館から分離され、大英図書館となった）。ここで、マルクスはたくさんの抜粋ノートをつくりました。ノートの多くは、現在、オランダ・アムステルダムの社会史国際研究所に収まっています。ここだけでも大小一六八冊のノートが残されており、そのうち一二六冊は一八五〇年代以降に作成されたものです（同研究所の目録からの推計）。マルクスの研究の徹底ぶりは、大英博物館の図書を最大限に利用した歴史上の人物として、いまでも語り草になっています。

その研究のなかで、マルクスは、大英博物館で一冊の匿名パンフレットと出合います。一八五〇年代初頭のことです。当時は、図書の分類もはっきりしていなかったといいますから、マルクス自身が見つけだしたものかもしれません。『国民的苦難の根源と救済策』（一八二一年、ロンドン）と題した四〇ページのパンフレットで、イギリスの評論家チャールズ・ウェントワス・ディルク（一七八九～一八六四）が書いたものでした。マルクスは、このパンフレットの主張を、次のように要約しています。

「一二時間のかわりに六時間の労働がなされるとき、一国民は真に豊かである。富とは剰余労働時間（実在的な富）への指揮権ではなく、すべての個人と全社会のための、直接的生産に使用される時間以外の、自由に処分できる時間である。」（傍点はマルクス、『五七～五八年草稿』、『資本論草稿集』②四九一ページ）

マルクスは、この提起も手がかりにしながら、人間にとっての「真の豊かさ」と「自由な時間」の獲得に注目してゆきます。そして、労働時間の短縮が人間の全面的発達の諸条件をつくり出してゆくことの意義を重視し、この面での研究をつづけました（マルクスは、一八五一年七月、このパンフレットからの抜粋を作成している。新メガ⑤第Ⅳ部門第九巻一六三～一六五ページ）。

当時のイギリスでは、社会に対する発言を匿名のパンフレットとして発行することが流行っていたようで、これもその一冊でした。パンフレットの執筆者がディルクであることを明らかにしたのは、日本の研究者・杉原四郎さんです。マルクス自身は著者の名を知りませんでした（『杉原四郎著作集』Ⅰ二三四ページ）。

マルクスは、『一八五七～五八年草稿』⑥では、次のように述べています。

「労働時間の節約は、自由な時間の増大、つまり個人の完全な発展のための時間の増大に等しく、またこの発展はそれ自身がこれまた最大の生産力として、労働の生産力に反作用を及ぼす。……余暇時間でもあれば、高度な活動のための時間でもある、自由な時間は、もちろんそれの持ち手を、これまでとは違った主体に転化してしまうのであって、それからは彼は直接的生産過程にも、この

ような新しい主体としてはいっていくのである。」（『五七～五八年草稿』、『資本論草稿集』②四九九～五〇〇ページ）

そして、労働者の「自由な時間」が剰余労働によって資本家に横領されていると述べています（『資本論草稿集』②三七九～三八〇ページ）。

「自由時間」の中身については、後でまた触れたいと思います。

つづいて『一八六一～六三年草稿』[7]で、次のように述べます。

「万人が労働しなければならず、過度に労働させられる者と無為に過ごす者との対立がなくなるならば、……万人が六時間の『自由に処分できる時間』を、真の富を、もつであろう。この時間は、直接的に生産的な労働によって吸収されないで、享楽に、余暇に、あてられ、したがって自由な活

---

⑤ 国際マルクス／エンゲルス財団の編集によって刊行中の『マルクス・エンゲルス全集』（Marx-Engels-Gesamtausgabe）のこと。マルクスとエンゲルスの著作、論説、草案（第Ⅰ部門）、『資本論』と準備草稿（第Ⅱ部門）、手紙（第Ⅲ部門）、抜粋ノートと覚え書（第Ⅳ部門）などを収録する。現在までに、六七巻七五冊が刊行されている（計画では四つの部門で一一四巻になる）。

⑥ マルクスが一八五七年一〇月～五八年五月に執筆した経済学草稿のこと（ノート七冊）。日本語訳は、『マルクス　資本論草稿集』①、②　大月書店。

⑦ 『経済学批判』（一八五九年）の出版後、マルクスがそれに続くものとして執筆した経済学草稿のこと（ノート二三冊）。日本語訳は、『マルクス　資本論草稿集』④～⑨　大月書店。

動と発展とに場を与える。時間は、諸能力などの発展のための場である。」（『六一〜六三年草稿』、『資本論草稿集』⑦三一二〜三一三ページ）

さきほど紹介した『資本論』のなかの未来社会論は、このようなマルクス自身の長年の探究のうえにたって展開されたものでした。

マルクスは、『資本論』執筆のさなか、国際労働者協会（インタナショナル）[8]の会合で、一つの報告をおこないます（一八六五年六月）。私たちは、この報告を「賃金・価格および利潤」という名で知っています[9]。マルクスは、この報告で「時間は人間の発達の場」だと規定し、資本による自由な時間の簒奪は、人間を〝牛馬にも劣るもの〟にするとまで指摘していました。

資本主義社会は、搾取者（資本家）が「自由な時間」の多くを、労働者からとりあげています。新しい社会は、資本主義的搾取の問題を解決し、すべての者に自由な時間と発展の場を保障します。ここに、これまでの社会とはまったく違う新しい社会の特徴があります。この点をつかんだからこそ、マルクスは、人間社会が構成員の知恵と力で新たな発展をとげ、自由な人々が自然と共生しながら、互いに連帯にみちた社会をつくりあげてゆくという壮大な展望を明らかにできたのだと思います。

（2）新しい社会の形成要素と労働者階級

もう一つ、見ておきたい点は、マルクスが『資本論』第一部の完成稿において、資本主義的生産の発展のなかで、新しい社会の形成要素がどのように準備されてゆくかについて、本格的な探究をおこなっていることです。

『資本論』の形成にも歴史があります。マルクスは、一八六三〜六四年に第一部「資本の生産過程」の草稿（初稿）を書きます。つづいて、第三部「資本主義的生産の総過程（草稿では総過程の諸姿容）」の執筆に移り、前半の三つの章（現行の篇）を一八六四年に、後半の四つの章（同）を六五年後半に執筆します（第三部の主要草稿[10]と呼ばれます）。第二部「資本の流通過程」の最初の草稿は、第三部の前半部分を執筆後、一八六五年前半に書きました（第一草稿）。ここでマルクスは、恐慌論についての大きな発見をし、『資本論』の内容と構成も変えます（一八六五年の理論的転換[11]）。のちに第二部の編集にあたったエンゲルス（一八二〇〜九五）は、第一草稿を使いませんでした。現在の第二部は、一八六八年以降に執筆された六つの草稿と抜き書き帳を利用したものです（一番遅い時期の草稿は八一年執筆[12]）。

マルクスは、第二部第一草稿、第三部主要草稿での研究の展開を踏まえ、一八六六年一月〜六七

⑧　一八六四年九月にロンドンで創設された国際的な労働者組織。マルクスは、「創立宣言」、「暫定規約」をはじめ、一連の重要文書を起草した。国際労働者協会は、一八七二年、本部をニューヨークに移し、一八七六年に解散した。

⑨　この報告（草案）は、マルクスの死後、娘のエリナー（一八五五〜九八）によって発見され、一八九八年に公表された。

⑩　第三部では、主要草稿以外に、短い四つの書き直しの試み（現行の第一篇）などが残されている。

⑪　第二部第一草稿での恐慌論での発見と一八六五年の理論的転換については、本書第二章四〇〜四三ページ参照。

⑫　第二部草稿の執筆時期の推定、エンゲルスによる使用状況については、新版『資本論』⑤四三〜四五ページの訳注を参照。

年四月に第一部の初稿を書き直し、新たな章も加えて第一部完成稿をつくりあげました。この完成稿のなかで、新しい社会の形成要素の問題について新たな探究をおこなったのです。

注目したいのは、第一部完成稿で、労働時間を規制する工場法などの獲得の歴史を追ったマルクスが、工場法獲得の成果と労働者の階級的成長が社会変革の酵素、契機になってゆく、という論点を押し出していることです。

第一部第三篇第八章「労働日」は、書かれた内容からみても、また利用された資料からみても、完成稿段階で執筆された部分が多いと考えられます。ここでマルクスは、イギリスの労働者階級による半世紀にわたった工場法獲得の闘争をふりかえり、はじめは孤立していた労働者が、資本主義的搾取の本質を知り、自分たちを苦しめる資本の横暴にたいして、「結集し、階級として一つの国法」（②五三二ページ）をかちとるまでに変化していったことを歴史的に証明しました。そして、剰余価値拡大への資本の限りない衝動を国家の法律で規制する「社会的ルール」を獲得することの重要性を明らかにしたのでした。

変革主体を形成する契機として

マルクスは第八章「労働日」の結びの文章に注をつけ（現行の注201）、『工場監督官報告書』から次の一節を引用しています（②五三三ページ／WⅠ三二〇ページ）。

〝工場法の獲得は、労働者たちに「彼らを自分自身の時間の主人にすることによって、彼らをいつか起こりうる政治権力の獲得に向かわせる精神的エネルギー」を与えた〟。

これは、労働時間の短縮による自由時間の獲得が、利潤第一主義を規制するだけでなく、「労働者にたいする資本家の支配」（④一二八七ページ／WⅠ一七六五ページ）を打ち破り、変革主体を形成する契機になりうることをしめしたものです。

第八章「労働日」では、「自由に処分できる時間」について、「人間的教養のための、精神的発達のための、社会的役割を遂行するための、社会的交流のための、肉体的・精神的生命力の自由な活動のための時間」（②四六二ページ／WⅠ二七九ページ）と規定しています。

マルクスには、独特の話のすすめ方があって、気に入った言い回しをいろいろな形でくりかえします。さきほど引用した『工場監督官報告』の文章もお気に入りの一つで、『六一～六三年草稿』でも、なんどかノートに書き込んでいます。「労働日」の章での引用にも、マルクスのこだわりを感じます。

『資本論』の邦訳では、「自由に処分できる時間」について、「自由にしうる」、「自由に処理」と、いろいろな訳語があてられてきました。新版『資本論』では、マルクスがディルクの文章に注目して研究をすすめた経過も踏まえ、「自由に処分できる時間」と訳語をそろえて訳出しています。そういう問題意識をもって『資本論』を読んでいただけると、マルクスがいろいろな個所でこの問題を論じていることに気づかれると思います。

第八章「労働日」では、国際労働者協会（インタナショナル）のジュネーヴ大会（スイス）での決議[13]が紹介されています。これは、『資本論』でインタナショナルについて言及した唯一の個所です（②五三〇～五三一ページ／WⅠ三一九ページ）。

> 「労働日の制限は、それなしには、いっそうすすんだ改善や解放の試みがすべて失敗に終わらざるをえない先決条件である。
> それは、労働者階級、すなわち各国民中の多数者の健康と体力を回復するためにも、またこの労働者階級に、知的発達をとげ、社交や社会的・政治的活動にたずさわる可能性を保障するためにも、ぜひとも必要である。」（古典選書『インタナショナル』五一ページ、邦訳『全集』一六巻一九一ページ）

私たちは、日曜日の大事な時間を使って、今日、ここに集まっています。これもマルクス的にいえば、「自由に処分できる時間」を私たちなりに活用していることになります。私たち自身がさまざまに発達をとげ、社会的・政治的活動にたずさわる可能性を獲得することなしに、活動は前にすすみません。この点でも、マルクスの指摘は、時をこえて、わが身に迫ってきます。

マルクスは、続く第一部第四篇で、労働者が社会的生産の担い手となってゆく過程、さらに、工場法が社会全体に拡大してゆく過程を分析したうえで、労働者階級による政治権力の不可避的な獲得にも言及しながら、工場立法が資本からもぎ取った成果を「変革の酵素」（③八五一ページ／WⅠ五一二ページ）だと位置づけています。そして、「工場立法の一般化」が「新しい社会」（すなわち未来社会）の「形成要素」および「古い社会の変革契機」という二重の意義を持つことを、次のように強調しました。

「工場立法の一般化は、生産過程の物質的諸条件および社会的結合とともに、生産過程の資本主義的形態の諸矛盾と諸敵対とを、それゆえ同時に、新しい社会の形成要素と古い社会の変革契機とを成熟させる。」（第四篇第一三章「機械と大工業」第九節「工場立法（保健および教育条項）。イギリスにおけるそれの一般化」、③八七七ページ／WⅠ五二六ページ）

端的な指摘ですが、労働者階級の闘争とその成果が、社会変革の諸条件を成熟させる意義をもつことをしめす重要な言明だと思います。

マルクスは、「わが労働者は生産過程にはいったときとは違うものとなって、そこから出てくる」と述べ、第八章を〝なんと大きく変わったことか！〟という一句で結んでいます（②五三一ページ／WⅠ三一九〜三二〇ページ）。ここにも『資本論』での展開に込めたマルクスの思いがあふれているように感じます。マルクスは、『資本論』で、労働者階級がその役割を遂行し、社会的な交流をつうじて社会変革の主体として成長する姿を歴史的に実証しようとしたのでした。

マルクスは、『資本論』第一部の刊行を、国際労働者協会が開催を予定していた一八六七年九月

⑬　紹介されている決議は、マルクスが執筆した「個々の問題についての暫定中央評議会代議員への指示」のなかの第三項「労働日の制限」の一節。この決議は、一八六六年九月に開かれたジュネーヴ大会で採択された。

のローザンヌ大会（スイス）に間に合わせたいと考えていました。しかし、わずかな日数の差で間に合わず、肩をおとします。それだけに、翌年九月のブリュッセル大会（ベルギー）で『資本論』を読もうという提案が採択されたときには、たいへん喜びました。マルクスは、『資本論』で解明した内容を、各国の労働者運動、当時のドイツでは権限に制約があったとはいえ労働者党議員の議会進出への道も開かれていたので、この分野でも活用してほしいと希望していました。第一部初版への「序言」でも、その願いが述べられています。

（3）第一部刊行後のマルクスの探究

マルクスの活動を振り返ると、一八六七年の『資本論』第一部刊行後も、ひきつづき未来社会にかかわる諸問題を探究していたことがわかります。

四年後には、生産手段などの制度的変革だけではなくて、未来社会では人間自身の自己変革の過程が重要になるという提起を、「フランスにおける内乱」[14]（一八七一年五月）のなかでおこなっています。

「労働者階級は、自分自身の解放をなしとげ、それとともに、現在の社会がそれ自身の経済的作用によって不可抗的に目ざしている、あのより高度な形態をつくりだすためには、長期の闘争を経過し、環境と人間とをつくりかえる一連の歴史的過程を経過しなければならないことを、知っている。」（『全集』一七巻三二〇㌻）

これは、本文での短い指摘ですが、「フランスにおける内乱」第一草稿のなかでは比較的長くこの問題を論じています（『全集』一七巻五一七～五一八ページ）。

そこでは、資本主義的生産の「奴隷制のかせ」が――これは資本主義生産で不可避的な支配・服従関係など人間関係の総体を指していると考えられます――、変革の途上では、まだ残っているので、これを克服して生産過程での人間関係を、自由で平等な人間の協同関係にまで変えてこそ、未来社会にふさわしい経済的土台ができる、そこに次の段階で生産者が直面する大仕事があると提起しています。

パリ・コミューンとは、一八七一年三月、パリ市民が、選挙によって二〇の行政区から九〇名あまりの議員を選出してつくった政権です、この政権は、政府軍の激しい武力攻撃を受け、七二日間で壊滅しました。ちょうど、一五〇年前のことです。短い期間であったとはいえ、この政権は、生産現場の改革、労働者の暮らしの向上をはじめ、いろいろな方策を考え、大都市パリを現実に統治し、議員が欠ければ、補欠選挙も実施していました。マルクスは、これを「労働者階級の政府」（「フランスにおける内乱」、『全集』一七巻三一九ページ）と呼び、その歴史的経験を真剣に研究しました。

⑭　これは、「パリ・コミューン」の歴史的意義を明らかにした国際労働者協会総評議会の声明でマルクスが起草したもの。ここで「内乱」とは、ヴェルサイユにあったフランス政府がパリ・コミューンにたいし、武力攻撃をしかけたことを指している。普仏戦争（一八七〇～七一年）でドイツに敗れたフランスではボナパルト帝政が倒れ、新たにティエール政府が組織されていた。

それから六十数年後、「フランスにおける内乱」の二つの草稿の全文とイギリスとフランスの諸新聞からの抜粋ノート（一八七一年三月一八日～五月一日）が、『マルクス／エンゲルス・アルヒーフ』という旧ソ連で刊行されていた文献集の通巻八冊目で公表されました（一九三四年、第一草稿の抜粋は一九三三年発表）。さらにその三〇年後、同じ『アルヒーフ』の一五巻で、「パリ・コミューンにかんするマルクスの抜粋ノート」（八四ページ）が公表されました（一九六三年）。マルクスは、パリ・コミューンのさなかにも、またその後も、パリやロンドンの新聞を集め、人名録もつくりながら、克明な抜き書きと研究をつづけました。二つのノートは、「新メガ」にはまだ収録されていません。『資本論』第一部刊行後のマルクスのさまざまな探究内容は、ひきつづき大きな研究課題となるものです。

『資本論』との関係でいうと、一八七二～七五年にかけて、第一部のフランス語版がパリで刊行されました。パリ・コミューン後、フランスのインタナショナルは大弾圧を受け、活動を禁止されます。そのときに、気骨のある出版者モリス・ラシャトール（一八一四～一九〇〇）が『資本論』を弾圧下のパリで出版したいと考え、マルクスも、この申し出に応じて翻訳の監修を引き受けました。この作業は、翻訳の手直しと内容上の改訂という、独自の「科学的価値をもつ」大仕事でした。刊行計画はフランス政府のたびたびの妨害を受け、出版者も住居を転々と変えます。手紙や原稿のやりとりにも、さまざまな困難がありました。

フランス語版『資本論』は、巻頭にマルクスの手紙（自筆稿）を掲載しています。また、出版者側がマルクスの肖像の掲載を希望し、写真をもとにした肖像を載せました。肖像には逸話があって、マルクス自身は、〝似ていないので、二度と使わないでほしい〟と述べています。このフランス語版に掲載されたマルクスの手紙に、次の一節があります。

「学問にとって平坦な大道はありません。そして、学問の険しい小道をよじ登る労苦を恐れない人々だけが、その輝く頂上にたどりつく幸運にめぐまれるのです。」（①三六ページ、WⅠ三一ページ）

私は、この一文に、『資本論』との付き合い方にとどまらない、弾圧下にあった人々への激励の響きを感じます。マルクスは、手紙の日付を、パリ・コミューンの事業がはじまったちょうど一年後の「一八七二年三月一八日」としました。パリ・コミューンでは、マルクスの友人も弾圧に斃れ、その悲報に接したマルクス家の様子も手紙で伝わっています。そんな姿を前にしての一文だったのかもしれません。

以上、新たな社会についてのマルクスの探究と主体的条件の考察にしぼって、紹介しました。

［講演では、このあと「Ⅲ」として、新版『資本論』の特徴と一八六五年の理論的転換に触れ、新版への注目と活用を呼びかけました。本書では、第二章でこの点を取り上げましたので、「Ⅲ」を割愛しました］

むすびに

私は、学生時代に現代史研究を志したのですが、歴史サークルの先輩から〝『資本論』を読まないと現代史の研究はできない〟と言われました。「手がかりに何を読んだらよいか」とたずねたところ、河上肇の『資本論入門』をすすめられました。最初は青木文庫、その後、改造社版、全集版とそろえました。河上は多彩な仕事をしましたが、著作としては、一九三〇年代初頭に刊行した『資本論入門』を、次の世代に残せる仕事だと語っています。発売禁止となったこの本の最初の見出しは「『資本論』と革命」でした（革命の部分は伏字の「××」、改造社版一ページ欄外）。

私が『資本論』を読み始めたころ、偶然ですが、京都市内で『資本論』講座が開かれました。講師は労働者教育協会の宮川実さんで、テキストにサインをしていただきました。そこには「理論は実践の総括であり、導きの糸である」とあり、感激したのですが、テキストの購入者には、みな同じ言葉が書いてありました。私にとっては、『資本論』との本格的な出会いが、この講座でした。このときの受講ノートはいまも大切にしています。

私自身がはじめて『資本論』と出会うことになった舞台、その運動を継承している労働者教育協会のみなさんにお話しできたことを、たいへんうれしく思います。

『資本論』は、一五〇年前の著作ですが、そこに込められている先人たちの解明の深さ、志の高さを知ると、二一世紀のいま、『資本論』に新たな注目が寄せられていることも、けっして偶然ではないと感じます。

これまでの歴史と経験を大切にしながら、二一世紀に新たな学習教育運動の探究をはかり、ともにすすんでゆきたいと思います。

第二章　新版『資本論』の刊行とその特徴

二〇一九年九月から刊行のはじまった新版『資本論』は、二〇二一年七月、全一二分冊で完結しました（新日本出版社刊）。

新版は、一九八二年から八九年に刊行した新書版を、訳文、訳語、訳注、さらに編集の全体にわたって見直し、改訂したもので、日本共産党社会科学研究所が監修にあたりました。

この章では、新版『資本論』の刊行とその特徴について、紹介したいと思います。

I　新版の刊行とその条件

新版『資本論』の準備作業は、二〇〇四年の第二三回党大会での党綱領の大きな改定を受け、二〇〇五年からはじまったものです。

この時の綱領改定では、「すべての人間の自由で全面的な発展」というマルクスの未来社会論の

新版『資本論』全一二冊

核心部分が重視され、現代世界における資本主義の矛盾の現われの分析についても、新たな探究がおこなわれました。

私たちは、社会変革論、未来社会論をはじめ、党綱領の達成と『資本論』の諸命題について検討するとともに、『資本論』をめぐる研究条件の変化と研究内容の発展に注目しました。

一つは、マルクス、エンゲルスの著作と論文、手稿と抜粋ノート、手紙などのすべてを収める新しい『マルクス・エンゲルス全集』（新メガ、国際マルクス／エングルス財団編集）の刊行が、すすんだことです。

二〇一二年には、『資本論』と準備草稿を収録する第Ⅱ部門が一五巻二三冊で完結し、抜粋ノートを除けば、『資本論』関係の文献、草稿のほぼすべてを読むことができるようになりました。くわえて、『一八五七～五八年草稿』、『一八六一～六三年草稿』、さらに第二部、第三部草稿の邦訳もすすみました。

もう一つは、マルクスが研究・利用した諸文献へのアクセスが容易になったことです。インターネットでの資料公開のほかに、「ゴールドスミス・クレス両文庫所蔵社会科学系学術図書データベース」（二〇〇五年）の利用が可能になりました。天野光則氏によると、このデータベースには、マルクスが『資本論』で引用・参照した一八五〇年以前の文献約三六〇点のうち二六九点が含まれているとのことです。また、『工場監督官報告書』、『児童労働調査委員会報告書』など、当時の報告書も読むことができます。

こうした条件を生かした研究によって、ドラマにみちた『資本論』の形成過程とマルクスの理論的発展、また草稿の状態、さらにエンゲルスによる第二部、第三部の編集上の苦闘と問題点が、詳しく明らかになってきました。

一八六五年の理論的転換

『資本論』の執筆と形成における一八六五年の理論的転換の解明も、新しい研究成果の一つです。

一八六四年の夏に『資本論』第一部の初稿を書き上げたマルクスは、つづいて第三部「総過程の諸姿容」の前半（一章〜三章、章は現行版の篇にあたる）に取りかかり、六四年末までにこの部分を書き終えます。ここでは、「利潤率の低下傾向①」が恐慌の動因となり、体制的危機につながると考え、第三部の第三章でこれを論じていました。

そのマルクスが、翌六五年前半に、『資本論』第二部「資本の流通過程」の最初の草稿（第一草稿）を執筆するなかで、新しい恐慌論——恐慌がどういう仕組みで起こるかについて、つぎの発見をしたのです。

〝資本家は、生産した商品を商人に売ることで、消費者の手に現実に商品が届かなくても、商品の貨幣への転化を先取りすることができる（「流通過程の短縮」と呼ぶ）。資本家はこの貨幣を使って生産を加速させるが、そこでは、商品の販売が現実の需要から独立し、「架空の需要」が生まれる。そして資本主義的生産がこの「架空」の軌道を進むなかで、現実の需要との乖離を拡大、累積させ、恐慌が起こる〟（本書五一〜五三ページ参照）。

この仕組みを発見してみると、恐慌は資本主義の体制的危機の爆発ではなく、資本主義の上向きの発展のなかでも起こる循環的な経済現象であることがはっきりしました。

マルクスは恐慌論での発見と、一八六四年に創立された国際労働者協会（インタナショナル）での活動を契機にしながら、それ以前の「恐慌＝革命」説と呼ばれる見方、いわば資本主義の古い没落論を乗り越え、『資本論』での研究内容を拡大して、資本主義的生産の発展とそのもとでの社会変革の諸条件の発展、とくに社会変革の主体をなす労働者階級の成長・発展について、本格的な探究をすすめることになります。

---

① 「利潤率」とは、支出した資本全体にたいする剰余価値の比率のこと。マルクスは、資本が、生産手段に投下される「不変資本」と新たな価値を生み出す労働力の購買にあてられる「可変資本」で構成されていること、生産の発展が資本の構成を変化させて可変資本部分の相対的減少を生み、これが「利潤率の低下傾向」として表現されることを解明した。問題は、当初、この重要な解明を恐慌の動因、体制的危機の指標と見たところにあった。その後、第一部完成稿では、同じ資本構成の変化が資本主義の危機を示すものではなく、資本主義的生産の急速な発展の指標として位置づけられ、研究されている（新版④一〇六八ページの訳注＊を参照）。

具体的に見ると、マルクスは、六五年後半から第三部草稿の執筆に戻り、続きの部分（四章〜七章）で、恐慌にいたる過程で商人資本の果たす役割を「架空の需要」という用語も使って研究し（⑨五一八〜五二一ページ）、信用論では、恐慌を資本主義に特有の産業循環の一局面ととらえます（⑩八六八ページ）。こうしてマルクスは、商業利潤や利子の成立の問題だけでなく、商人資本の運動全体（第四章）、さらに信用制度（第五章）、「地代」（第六章）を研究の対象とする『資本論』の新たな構想に踏み出しました。内容的には、初めて足を踏み入れる分野も多く、マルクスにとっても探究途上の苦労を重ねる日々だったと思います。

一八六五年の末、マルクスは、第三部の第三章と第四章とのあいだに、恐慌の論じ方の違いなどの内容的な断絶を残しながらも、ともかく全三部の最初の草稿を書きあげました。

六六年一月からは、研究の成果を織り込んで、第一部の仕上げにかかります（仕上げた原稿を第一部完成稿と呼ぶ）。この作業は翌六七年四月までつづき、新たな章も書き加えて、資本の側の搾取強化とそのもとで「訓練され結合され組織される」労働者階級の成長と闘争を軸にした資本主義の新しい没落論を定式化することになりました（④一三三二ページ）。

エンゲルスは、恐慌論での発見と理論的転換に気づかず、現行版『資本論』の第二部、第三部の編集にあたっても、これを見落としていました。この問題の経過と性格については、新版『資本論』⑤一〇ページの＊2、⑧四ページの＊の訳注を参照してください（以下、＊印は、新版『資本論』の訳注を指す）。

こうして、新版の改訂では、エンゲルスの編集上の問題点を解決しながら、恐慌論、社会変革論、未来社会論をはじめ、マルクスの学説の到達点を明確にすることに特別の力を入れることになりました。

訳文、訳語、訳注、編集の全体を見直す

新版では、このような新たな条件と研究の進展を踏まえ、集団的翻訳として高い評価をえてきた新書版の全体を見直し、大きく改訂しました。

訳文は、平易で明快なものをめざし、一部に見られた文語調を改めました。経済学文献、報告書からの引用についても、可能なかぎり出典に当たり直し、数値や訳、参照ページなどを変更しています。あらたに典拠資料がわかったものや、項目名を変えた表もあります（④一一二三ページの表—E）。訳語では、マルクス独自の重要概念である「全体労働者」、「独自の資本主義的生産様式」について訳語を統一し、はじめて登場する個所への訳注で、その内容を説明しました（③五七八ページの＊、③八八八ページの＊）。この二つの概念は、マルクスが、資本主義的生産の発展過程と社会変革の主体をなす労働者階級の成長・発展とを深くとらえるために、一八六〇年代の研究のなかで作り上げたものです。

新しい訳注では、六五年の理論的転換の意義、『資本論』の著作構想の変化、恐慌論、資本構成の高度化、再生産表式論、未来社会論、さらに原始共同体論など、マルクス自身の探究と理論的見地の発展を重視しました（①九ページの＊1、①二一ページの＊1、①七八ページの＊、②五四一ページの＊5、③九二一ページの＊2、④一〇六八ページの＊、④一一三九ページの＊3、などはその一例）。

たとえば、第一分冊の最初の訳注は、一八六五年の理論的転換にふれながら、『資本論』刊行にいたるマルクスの経済学研究の経過を紹介しています。つぎの文章は、その一部です。

「マルクスは、第二部第一草稿のなかで、恐慌が資本主義的生産のもとでは周期的に起こる循環の一局面であることを発見し、『利潤率の低下傾向』を資本主義的生産の没落の動因とする以前の立場を乗り越えた。これを転機に、『資本論』の著作構成も、第三部後半（一八六五年夏―年末）、第一部完成稿（一八六六年初め―六七年四月）、および第二部の諸草稿で大きく変更された。こうして、一八六七年九月、『資本論』第一部の初版が公刊された。」（①八ページ）

そのほか、第一部の執筆当時にマルクスが読んだと思われる日本関係の旅行記や報告書を、新たに訳注として紹介しました（④一二五二ページの＊5）。

第二部、第三部では、エンゲルスの編集上の問題点をくわしく検討し、新たに五〇〇あまりの訳注・割注を加えました。そのさい、マルクスの草稿そのものを訳出した場合もあります。詳しくは、「Ⅱ」で紹介したいと思います。

Ⅱ　全三部それぞれの特徴から

『資本論』は、第一部「資本の生産過程」で、資本主義的搾取の秘密と私たちが利潤第一主義と呼ぶところの諸問題、労働者階級による社会変革の必然性などを解明します。第二部「資本の流通過程」は、市場での資本の運動（循環、回転、総資本の再生産と流通）を取り上げます。第三部「資本主義的生産の総過程」（マルクスの草稿では「総過程の諸姿容」）では、利潤、利子、商人資本、信用制度をはじめ、私たちが日常経験している資本主義の現象的な世界を研究し、資本主義社会と対比しての未来社会の諸特徴も解明します。草稿の終章では諸階級とその闘争を取り上げようとしました。この構成によって、資本主義社会の基礎をなす関係から、複雑な諸関係へ、さらに日常世界の諸現象が生まれてくる過程の全体と変革への展望を理論的に明らかにしようというわけです。

『資本論』全三部②のうち、マルクスの手によって編集・刊行されたものは、「資本の生産過程」を扱う第一部だけです（一八六七年）。第二部「資本の流通過程」、第三部「資本主義生産の総過程」は、マルクスの草稿からエンゲルスが編集し、第二部は一八八五年、第三部は一八九四年に刊行されました。こうした成り立ちの経緯もあって、新版でも、各部ごとに改訂上の特徴が生まれています。

---

② マルクスの『資本論』執筆プランは、第一部初版への「序言」（一八六七年）で明記されているように、理論的な三つの部にくわえて「第四部　理論の歴史」を含む四部構成の計画だった。

「この著書の第二巻は資本の流通過程（第二部）と総過程の諸姿容（第三部）とを取り扱い、最後の第三巻（第四部）で理論の歴史を取り扱うであろう」（「序言」〔初版への〕①一五ページ、〔I〕一七ページ）。

しかし、実際に執筆できたのは、第三部までの草稿だった。第四部については、その主題の一部をなすと考えられる「剰余価値に関する諸学説」についての草稿が『六一～六三年草稿』のなかに残されるにとどまった。

つぎにこの点に、話をすすめます。

（1）第一部『資本の生産過程』（四分冊）

はじめに第一部『資本の生産過程』（全七篇）です。翻訳上の底本は、エンゲルスが最後に校閲した第四版（一八九〇年）です。

第一部は、新書版と同じく四分冊となりました（第一分冊～第四分冊）。ただし、第三分冊の収録区分を変更し、第六篇「労賃」までをここに収録しました。第五篇と第六篇は、「絶対的および相対的剰余価値の生産にかんする追加的研究」として、初版では一つの章（第二版以降の篇）になっていたもので、第二版以降も、注番号は、篇をはさんでの連番になっています。

第一部の改訂では、とくに二つの点を重視しました。

マルクスによる二回の改訂

一つは、マルクスによる二回の改訂です。

マルクスは、一八七二～七三年に第一部第二版を刊行します。つづいて、パリ・コミューン後の激動のさなかに、第二版を底本としたフランス語版を手がけます（一八七二～七五年）。フランス語版での改訂は、エンゲルスが残されたマルクスの指示なども参考にしながら、第三版（一八八三年）と第四版にある程度、反映させました。

一回目の改訂では、初版にあった本文と「付録」での価値形態の二重の叙述が一本化され、第一章「商品」が大幅に書き換えられました（①一八ページの＊3）。しかし、ハンブルクの出版者マイスナー（一八一九～一九〇二）が刊行を急がせたために、全体の手直しまではできず、マルクスは、フランス語版での二回目となる改訂を重視します（①四〇ページの＊）。マルクス自身が「一つの科学的価値をもつ」としたフランス語版の誕生です。

新版では、こうした改訂の経緯、初版と第二版との異同、フランス語版での記述と第三版、第四版に反映された個所を、訳注でていねいに示すことにしました（①一七ページの＊、①一八ページの＊3、①三五ページの＊、①四〇ページの＊、①七〇ページの＊1、①七三ページの＊、②三〇九ページの＊、③七七一ページの＊、④一〇六八ページの＊ほか）。必要な場合は、その後の版で取り除かれた叙述や原注も訳出しています（①九ページの＊1、①一八ページの＊3、②四四一ページの＊6、③九〇三ページの＊、④一〇一五ページの＊、④一二四〇ページの＊3、④一三五二ページの＊ほか）。その結果、この分野の訳注・割注は、二〇〇をこえることになりました。

完成稿で書き下ろされた第二三章「資本主義的蓄積の一般的法則」、なかでも第一～第四節は、フランス語版で新たな理論的展開が集中的に行われ、その成果が第三版と第四版に取り入れられた部分です。新版では、フランス語版でどこを発展させたのかを、できるだけ訳注で示しました（④一〇六八ページの＊、④一一〇六ページの＊1ほか）。

マルクスは、初版に一〇五四の原注をつけましたが、これは第四版までに一一六一に増えています。新版では、第二版以降につけられた原注について、どの版でつけられたものかを付記しました。たとえば、マルクスは、第二版で新たに四〇ほどの注を追加しています。こうして叙述の改善と研究に努めたマルクスの足跡が、これまで以上につかみやすくなったと思います。

完成稿での拡充部分について

二つ目は、完成稿での拡充部分です。

たとえば、第三篇第八章「労働日」の場合です。ここでマルクスは、労働者階級が自分とその階級の存続を守るための階級闘争の必然性の解明を重視しました。社会的ルールの獲得のための闘争は、その核心となりますから、各種の報告書を利用した事例や歴史的展開の追跡も多くなります。

その一つに、ロンドンの女性労働者メアリー・アン・ウォークリーの〝過労死〟があります。二〇歳の彼女は、祝賀舞踏会用のドレスを急いで仕上げるために、過密な作業室で二六時間半もの労働を強いられ、ついに息絶えました（一八六三年六月）。

この悲報を新聞で知ったマルクスは、『一八六一～六三年草稿』のなかに、「これは引用しなければならない」と、その憤りを強い口調で書き込みました（『資本論草稿集』④二八一ページ）。マルクスは、そういう決意をもって、『資本論』に四回もウォークリーの名を書き入れました。こういう経過もある問題なので訳注でも、マルクスが依拠した資料を示すことにしました（②四四二ページの＊1）。

新版では、これらの事例紹介に登場する人々も、可能なかぎり、人名索引の項目におこしています（人名索引は、第一二分冊に収録）。

ウォークリー、メアリー・アン　Walkley, Mary Anne（一八四三～一八六三）。ロンドンの婦人服仕立女性工　Ⅰ四四二～四四三（新版『資本論』第一巻四四二～四四三ページに記述があるということ）

――といった具合です。

第八章、第一三章などでの工場法や国法の記述には、〝エドワード三世治下第二三年の法〟といった紹介も少なくありません。ここでは、王の在位年や法令の実施年を割注に入れ、年代をつかみやすくしました。また、叙述のなかに登場する政治史や諸事件などの歴史的事項について、その概要を述べた五〇ほどの新訳注を加えています（②四〇八ページ＊2、④一一五六ページ＊1ほか）。そのほか、地名、人名への必要な説明を補うなど、拡充部分での歴史的展開をじっくり読めるように工夫しました。

(2) 第二部『資本の流通過程』（三分冊）

第二部『資本の流通過程』（全三篇）は、各篇ごとを一冊にまとめ、三分冊での刊行となりました（第五分冊～第七分冊）。翻訳上の底本は、第二版（一八九三年）です。

エンゲルスは、第二部を、いろいろな時期に書かれた八つの草稿のうち、六つの草稿と抜き書き帳を利用して編集しました③。草稿の執筆時期の推定とエンゲルスの使用状況については、新版の新しい訳注を参照してください（⑤四三～四五ページ）。

新版では、第二部の三篇の表題、二一の章表題、また節表題について、これまでの訳注を見直し、区分や表題がエンゲルスによる場合は、それを示し、草稿との違いについての記述を充実させてい

---

③　第二部の関連草稿は、新メガ第Ⅱ部門第四巻第一分冊（一九八八年）、同第三分冊（二〇一二年）、第一一巻（二〇〇八年）に収録されている。

ます。

マルクスは、資本主義的生産における経済的矛盾のもっとも深刻なあらわれである恐慌の解明を、一貫して重視していました。しかし、現行の第二部には、マルクスが重視していたはずの恐慌論の本格的な展開がありません。

ここには検討すべき二つの問題があります。

一つは、『資本論』で恐慌論を展開しようとしたマルクスの構想の所在です。もう一つは、本格的な展開がないこととエンゲルスの編集との関係です。

この点を検討し、新版では、つぎのような改訂をおこないました。

マルクスの恐慌論の構想

マルクスには、恐慌の総括的解明によって第二部を結ぶ構想がありました。

この構想は、第二部第二草稿（一八六八～七〇年執筆）のなかで述べられたものです。現行の第二部でも、第二篇第一六章「可変資本の回転」の注32として、この構想が紹介されています。「資本主義的生産様式における矛盾」という言葉ではじまる一文です（⑥五〇一～五〇二ページ）。

第二草稿は、二〇〇八年、新『メガ』第Ⅱ部門第一一巻のなかではじめて公表されました。草稿が明らかになると、エンゲルスが注32の草稿の文章を一部、読み誤っていたこともわかりました。マルクスの重要な構想ですから、新版では、草稿そのものを、訳注として新たに訳出しています。

マルクスは、この構想の最後に、「この話全体〔恐慌論の展開のこと＝山口〕は、次の章〔現行の篇〕に属する」と念を押しています（⑥五〇二ページ、新メガ第Ⅱ部門第一一巻三〇八ページ）。第二部の第三篇で恐慌論のまとまった研究をしたいというわけです。

しかし、病気に苦しんでいたマルクスは、一八八一年、第二部第八草稿を、拡大再生産論まで書き進んだところで筆を止め、恐慌論の展開という構想は、実現しませんでした。

新しい恐慌論を訳注として収録

新版では、マルクスのこの構想を考慮して、新しい恐慌論の起点となった第二部第一草稿での解明点を、訳注として紹介することにしました。これは参考資料ですが、第一草稿の三つの文章を訳注に収録し、第二部本文の末尾におきました（第七分冊、⑦八五八〜八六二ページの＊2）。

第七分冊で紹介した「第一の文章」の全体を読んでみます。

「もしも銀行が資本家Aに、彼が彼の商品にたいする支払いのかわりに受け取った手形にたいして（割引で）銀行券を前貸しするか、あるいは直接に、まだ売れていない彼の商品にたいして彼に銀行券を前貸しするかするとすれば、この銀行券は相変わらず、対象化された労働を、つまり〔資本家〕Aの商品のうちにすでに物質化されている労働を表わすのであり、それは現存する商品の転化形態であろう。〔その場合は、〕ただ、商品あるいは支払手段（手形）が貨幣に転化される時間が先取りされ、それによって、流通過程が短縮され、再生産過程が加速される、等々というだけであろう、——ただ商品の貨幣蛹化（ようか）が先取りされるだけであろう。またこの過程を通じて、販売が現実の需要から独立化し、架空のW―G―Wが現実（レアール）のそれにとってかわることができ、そこから、恐慌が準備される。（過剰生産、等々）」（⑦八五九ページ、第二部第一草稿、一六ページ、新メガ第Ⅱ部門第四巻第一分冊、一九八八年、一六一ページ、中峯・大谷訳『資本の流通過程』、大月書店、一九八二年、三五ページ）

これは、新しい恐慌論が頭に浮かんだ時に、マルクスが草稿に書きつけた最初の文章です。

ここでは、銀行の介入によって「流通過程の短縮」や「販売」の「現実の受容」からの「独立化」、「架空のW―G―W」が現実のそれにとってかわる、などの現象が起きると説明しています。マルクスは、こういう役割を果たすことができるのは、銀行ではなく、商人の介入であることに気づき、以後の文章で訂正します。

マルクスは、つづく文章で、銀行を商人に変え、商人の介入による事態の最初の変化から恐慌にいたる過程をシミュレーション的に追跡してゆきます（⑦八六〇～八六一ページ、『資本の流通過程』四七～四九ページ）。さらに、世界市場と信用制度の問題を視野に入れ、恐慌問題のより深い理論的究明の提起をしました（⑦八六一～八六二ページ、『資本の流通過程』四九ページ）。新版の訳注では、これを第二、第三の文章として収録しています。

マルクスが、これらの提起をいかに重視していたかは、その直後に執筆した第三部草稿の後半部分で、早速、恐慌が起こる過程での商人資本の働きや信用制度の果たす役割の研究に着手したことからも、理解できると思います。

しかし、エンゲルスは、第二部第一草稿でのマルクスの発見を見落とし、第二部を編集するさいにも、この草稿を〝断片的な草稿で、利用できなかった〟としました。この判断は、第二部、第三部の全体にかかわる編集上の大きな問題となるもので、新たな訳注では、この点も指摘しています（第五分冊、エンゲルスの「序言」への訳注、⑤一〇ページの＊2）。

第二の文章と現行『資本論』

新版の訳注で紹介した三つの文章のうち、二番目の文章の主な内容は、現行の第二部に登場します（第一篇第二章「生産資本の循環」、⑤一二四～一二五ページ。「すなわち、W'は」から「目にみえるようになる」まで）。

エンゲルスは、この部分を、第五草稿（一八七六～七七年執筆）から編集しました。第五草稿も、新メガ第Ⅱ部門第一一巻（二〇〇八年）のなかではじめて公表されたものです。

マルクスは、草稿本文の「恐慌の考察にさいして重要な一点」（⑤一二四ページ）と述べた個所に、「脚注1」をつけ、そこに第二部第一草稿でおこなった恐慌のシミュレーション的追跡、つまり六五年に執筆した第二の文章の全体を書き写したのです（新メガ第Ⅱ部門第一一巻六一一～六一二ページ）④。注ですから、ここで恐慌論を展開する意図はなく、のちに恐慌の本格的な考察をおこなうさいの覚え書だったと考えられます。ここにも、第一草稿での恐慌論の展開を重視したマルクスの姿が見え

---

④　マルクスは、第五草稿の執筆の過程で、これまでに執筆した第二部草稿のなかから「利用すべき諸個所」を整理し、これを注などに利用しようとした。この脚注もその一つだったと考えられる。

ます。

エンゲルスは、この脚注に第二草稿からマルクスが書き写していた文章などを挿入し、あわせて本文として組み込みました。そのため、現行の叙述の流れからは、マルクスの覚え書の本来の意図が、読み取りにくくなっていたのです。

新版では、本文のこの個所に三つの訳注をつけ、以上の経過とマルクスの新しい恐慌論の展開の意義を示すようにしました（⑤一二五〜一二六ページの＊1〜＊3）。

第二部第五草稿は、アムステルダムの社会史国際研究所のホームページから閲覧できます。草稿には紙を二つに折ったあとがあり、上段に本文、下段に注が書き込まれていることを確認できます（第五草稿二九ページ）。

第二一章「蓄積と拡大再生産」

第三篇第二一章「蓄積と拡大再生産」にも、検討すべき問題がありました。

第二一章は、エンゲルスが第八草稿（一八七七〜七八年、七九年〜八一年執筆）から編集したものです。マルクスは、ここで、社会全体の生産と消費の流れを大きくとらえる拡大再生産の研究に挑戦していました（第八草稿は新メガ第Ⅱ部門第一一巻に収録。大谷禎之介氏によってその全文が邦訳されている。『資本論草稿にマルクスの苦闘を読む』、桜井書店、二〇一八年）。

草稿には、節区分も見出しもありません。マルクスは、ここで拡大再生産の研究に取り組み、ときには「しかし待て！」（⑦八二七ページ）と立ち止まり、「等々、等々」と書いて執筆を止めるなど

（⑦八三〇ページ）、失敗と模索、挑戦を繰り返します。草稿に手を加える機会があれば、マルクスも整理したところでしょう。ところが、現行版では、順調に考察がすすんだかのように節と見出しがつけられ、読者を混乱させます。

その一例ですが、第七分冊の八三〇ページに〔草稿では「結びついている、等々、等々」となっている……〕とあります。ここは私も驚いたところですが、草稿をみるとマルクスの筆は完全に止まっており、文章もつながらないのです。ところが、エンゲルスは文章を直して、そのあとに、「もう一つの方法は……」と続きの文章を書き込んでいました。

新版では、独自の訳注でマルクスの研究経過の節目を示し、失敗を経ながら拡大再生産の表式化に到達した苦闘の軌跡を追跡できるようにしました（⑦七九三ページ＊2、七九四ページ＊、八一八ページ＊、八二二ページ＊、八三一ページ＊1）。

エンゲルスの編集と業績

新版では、第二部でのエンゲルスによる文章の追加、草稿との異同個所に、新たに一五〇ほどの訳注を加えました。ここからも、エンゲルスの編集上の問題点を検討していただけると思います。

エンゲルスによる第二部、第三部の編集は、国際的な運動への助言をはじめ、さまざまな仕事が重なるなかでおこなわれた、苦労の多い仕事でした。

マルクス死後、第二部、第三部の草稿を発見したエンゲルスは、はじめは、自ら編集原稿の清書にとりかかります。その後、目と腰を悪くしたために、筆記者としてオスカル・アイゼンガルテン

（一八五七〜一九〇六）を雇い、判読しにくい草稿を口述筆記でおこしながら、編集原稿にまとめてゆきます。こうした作業を二年ほどつづけ、一八八五年、第二部を刊行しました。

第二部の諸草稿を整理した方法は、草稿の一番新しい到達点と思われる部分を基本において、足りない部分を別の草稿で補うものでした。エンゲルスは、そのさい、草稿の切り貼りを避け、その全体を後世に残しました。ここには、後進の学徒たちへのエンゲルスの深い信頼があったように思います。

残されていた第三部の主要草稿は一つでした。しかし、はじめて書いた未完成部分を含む草稿であったために、計算間違いも多く、その編集は、一〇年近くにおよぶ大作業となりました。第三部は一八九四年末に刊行され、エンゲルスは、その八ヵ月後、一八九五年八月に亡くなりました。

私たちは、第二部、第三部の刊行によって、『資本論』研究の全体像をいち早く知ることができました。この点は、エンゲルスならではの歴史的業績だと思います。

（3）第三部『資本主義的生産の総過程』（五分冊）

つぎに第三部『資本主義的生産の総過程』（全七篇）です。底本には、第一版（一八九四年）を使い、五分冊で刊行しました（第八分冊〜第一二分冊）。

六五年の理論転換と第三篇の編集

第三部の主要草稿⑤は、諸草稿のなかでもっとも早い時期に準備されたもので、執筆時期の異なる二つの部分からなっています。前半部分（第一篇～第三篇）は一八六四年夏から六四年末、後半部分（第四篇～第七篇）は一八六五年前半の理論的転換後、六五年の夏から年末に執筆されたものと考えられます。

第三部の草稿は、新メガ第Ⅱ部門第四巻第二分冊で、はじめて公表されたものです（一九九二年、実際の刊行は九三年）。

第三部の改訂では、こうした点に留意し、マルクスの研究の発展とその到達点、エンゲルスの編集上の問題点を検討しました。

マルクスは、第三部草稿の前半部分で、不変資本と可変資本という科学的概念によって、生産力と利潤率との関係を解き明かし、利潤率の低下法則の解明に成功していました（現行の第三篇第一三章「この法則そのもの」）。これは、スミスやリカードウを悩ました難問を解決する、経済学上の画期的な功績でした。

他方、六四年当時の草稿には、利潤率の低下法則の意義づけをめぐって、これを恐慌や資本主義的生産の没落の必然性と結びつけようとする強い意向が働いていました（同第一五章「この法則の内的諸矛盾の展開」）。マルクスは、その翌年、第二部第一草稿での新しい恐慌論の発見で、この見方が成り立たないことをつかみ、利潤率の低下現象を体制的危機と結びつける旧来の見方を克服し

⑤　第三部では、主要草稿以外に、短い四つの書き直しの試み（現行の第一篇）などが残されている。書き直しの試みは、新メガ第Ⅱ部門第四巻第三分冊（二〇一二年）に収録されている。

ました。

マルクス自身、エンゲルスに、利潤率の低下法則の解明を「これまでの経済学」にたいする「最大の勝利」だと伝えたさいにも、この法則を資本主義の体制的危機と結びつけることはありませんでした（一八六八年四月三〇日の手紙）。

マルクスは、第三部草稿について、新しい見地からの見直しをおこなう機会をもたずに、その生涯を終えました。そして、エンゲルスは、マルクスの恐慌論の発展を見落としたまま、第三部の編集にあたり、旧来の見方が何の注釈もないままに、現行の『資本論』に残ることになったのです。

新版では、こうした問題点について、第三篇での訳注などで、ていねいに指摘するようにしました（⑧四ページの＊ほか）。さらに、分冊上も、第三部の前半・後半部分を区別して、第一篇から第三篇を第八分冊にまとめ、第四篇から第七篇にそれぞれ一分冊をあてています（第九～第一二分冊）。

第四篇での新しい恐慌論の説明

第三部の後半部分、第四篇以降は、一八六五年以降、執筆の構想を拡大したマルクスが、初めて挑戦したといってよい部分がかなりあるところです。第四篇では、執筆途上で、「利子生み資本」の部分が独立の章（現行の第五篇）となり、その結果、信用問題が『資本論』の構成部分に組み込まれてゆきました（⑨四五九ページの篇表題への＊参照）。

さらに商人資本を論じた第四篇には、マルクスが商人資本の役割に視点をおいて、みずからの新しい恐慌論を説明した部分が含まれています（第一八章「商人資本の回転。価格」）。新版では、⑨五一九ジペーの＊2で、この展開を重視しています。

信用論の編集をめぐって

第三部の第五篇「利子生み資本」にも、検討すべき問題がありました。マルクスの草稿の状態は、⑨六九三〜六九四ジペーの訳注＊で詳しく説明されています。

ここでの利子生み資本と信用の考察は、第二部第一草稿の発見も受けて、マルクスが、本格的な研究を開始した分野です。そのため、ある程度まとまった論述もあれば、未完成の初稿というべき論述もあって、エンゲルスも編集上、「主要な困難をきたした」（⑧一三ジペー）と述べたところです。

草稿を見ると、第二五章「信用と架空資本」の本文は、商業信用と貨幣信用の基本的な骨格を説明した簡潔な構成となっており、そこに用語の解説や関連する事例紹介の「注」が付されています（⑨六九四〜七〇九ジペー）。

ところが、エンゲルスによって、この注が本文として組み込まれたために、現行版では本筋の議論が読み取りにくくなっていました。新版では、訳注で草稿の状態を示したのですが、底本をみると、エンゲルスは、注から本文に組み込んだ個所を本文よりも小活字で組んでいます。この点についてのエンゲルスによる説明はないようです。新版でも、この部分を本文よりも小さい活字で組み、草稿で注であったことを示すようにしました（⑨六九六ジペーの＊4、⑨七〇二ジペーの＊2参照）。また、この章の最後に、一八四七年恐慌についての五つの文章がありますが、これも小活字で組まれています（⑨七一五ジペーの＊1参照）。

信用論でのエンゲルスの編集には、さらに大きな問題がありました。その代表例は、信用論本文の草稿ではなかった部分――マルクスが「混乱」と表題をつけたイギリスの議会報告書からの抜き書き部分――を、本文に組み込んでしまったことです。

マルクスは、「混乱」と題したこの抜き書きを、『資本論』とは別の著作のなかで使う予定でした。エンゲルスにも、病気のために草稿の執筆ができず、「銀行制度等にかんする一八五七年および一八五八年の議会報告書」を読んでいること、「このごった煮の全部にたいする批判を僕はもっとあとの本のなかではじめて与えることができるだろう」と、伝えていたほどです（一八六五年八月一九日の手紙、『全集』三一巻一二二、一二四ページ）。二十数年後、エンゲルスは、この発言を忘れていたのだと思います。

議会報告書からの抜き書きを並べただけでは、さすがに文章が続きません。そこでエンゲルスは抜き書きやマルクスの論評を並べ直し、みずからの文章をつけたして、現行の第三三章、第三四章をつくりました。その結果、この部分は、マルクスの考察というよりも、エンゲルスの構想にもとづく議会報告書の再整理という性格を強くもつようになっています。

新版では、訳注で、草稿の状態を示すとともに、これらの章については、報告書からの抜き書き部分、マルクスの論評部分、エンゲルスの文章のそれぞれに訳注をつけ、区分できるようにしました（⑩九三一ページの＊ほか）。

同じ第五篇の第二六章も、経済学者の著作や議会報告書からの抜粋を編集したもので、マルクスにとってはのちの研究材料だったと考えられています（⑨七二八ページの訳注＊参照）。

マルクスは、信用論の草稿で、資本の循環の一形態としての「貨幣資本」と産業資本や商業資本に貸し付けられる「利子生み資本」という二種類の「貨幣資本」を区別し、後者を英語で「マニイド・キャピタル」、前者をドイツ語で「ゲルトカピタル」として、使い分けていました。

エンゲルスは、意識的な使い分けをしないで、「マニイド・キャピタル」の大半を「ゲルトカピタル」というドイツ語に書き換えるか、「貸付資本（ライカピタル）」に置き換えました。新版では、草稿で「ゲルトカピタル」となっている個所については、「貨幣資本」にルビをふって、そのことを示しています（⑨五九七～五九八ページの＊2参照）。第五篇に登場するルビのない「貨幣資本」は、マルクスが「マニイド・キャピタル」と書いているものです。

また、第六篇では、草稿執筆後、マルクスが構想を発展させ、土地所有の歴史的研究を含める方向にあった点を、訳注で指摘しています（⑧四～五ページの＊、⑪一一一二ページの＊1参照）。その内容については、新メガなどでこの時期の新たなノートや資料が発表されるなかで、今後、発展的な研究が必要になると思います。

第四八章の未来社会論

新版の全体は、エンゲルスの編集にしたがっています。そのなかで唯一の例外は、第七篇第四八章「三位一体的定式」の冒頭部分の原稿の配列です（第一二分冊）。

マルクスの草稿をみると、現行の第四八章の冒頭部分には、必然性の国、自由の国という新しい言葉も使って未来社会論を展開した一節が置かれています（「すでに見たように」ではじまり、「労働日の短縮が根本条件である」で終わる、⑫一四五七～一四六〇ページの部分)。

この一節は、かなりの部分が［　］括弧に入れられています。この印は、マルクスが、当面の主題とは別の問題を論じるときなどにつけた符号でした。エンゲルスも、「すでに見たように」の頭に注をつけ、「草稿では、ここから第四八章が始まる」と指示しています(⑫一四六〇ページ)。

しかし、実際の編集では、章冒頭に、みずから「Ⅰ」から「Ⅲ」の番号をつけた断片を置き、未来社会論の一節を、これらの断片と俗流経済学を批判した文章との間に挟み込みました。そのため、未来社会論の趣旨が読み取りにくくなっていました。

現在では、断片ⅠとⅡは、本文の別の箇所に入ることがわかっています。新版では、断片をそれぞれ本文の適切なところに移し、マルクスの草稿どおりに、未来社会論を論じた一節を、章の冒頭に置きました。マルクスは、剰余労働が搾取社会のなかでどんな役割を果たしてきたかを研究するなかで、「未来社会ではどうなのか」と考え、［　］でくくられた部分の考察に移ったようです。

この組み替えによって、マルクスの未来社会論の到達点と内容が、草稿どおりに読めるようになりました。

マルクスは、一八五〇年代の研究から、すべての人間が自分の意のままに活用できる「自由時間」をもつことに、未来社会の根本問題があるとして、その展望を発展的に展開してきました。第四八章の冒頭では、その到達点が、「必然性の国」、「自由の国」という印象的な言葉をつかって、展開されています。この言葉は、人間の「生活時間の区分」を指したもので、「必然性の国」とは、この社会を維持・発展させるために必要な物質的生産に従事する時間のこと、「自由の国」とは、この労働を果たしたあとに残る「自由に処分できる時間」のことです。後者の時間は、どんな活動にも自由にあてることができ、自らの能力を多面的に発展させる場となります。

マルクスは、未来社会では、すべての個人が尊重され、十分な自由時間とともに人間的発達の機会と条件を保障されること、労働時間は短縮され、人間の自由な発達それ自身が、社会発展の大きな力になることを解明しました。

この点が明瞭になると、第一部第三篇第八章の「労働日」で、労働者の「自由に処分できる時間」が資本家によって奪われていることを重視し、一日の労働時間の制限をめぐる歴史的攻防を丹念に追ったこと、また、第五篇第一五章の末尾に登場する、未来社会における労働時間短縮の意義についての論究も、より深く理解できるように思います（③九二〇～九二一ページ、本書第一章二二～二五ページ参照）。

そのほか第三部でも、エンゲルスによる文章の追加や、草稿と記述が異なる個所について、あらたに三五〇ほどの訳注を加えました。

このような改訂によって、新版『資本論』は、執筆者であるマルクスの経済学的到達点をより正確に反映し、エンゲルスの編集上の問題点を克服する、新しい編集版になったと思います。

Ⅲ　刊行後の反響から

つぎに、新版刊行後の反響から、いくつか紹介します。

生きている『資本論』

二〇二〇年は、『資本論』全三部の邦訳が開始されてから、ちょうど一〇〇年になります（高畠素之訳、『マルクス全集』一～九巻〔一〇冊〕、大鐙閣／而立社、一九二〇～二四年）。

新版『資本論』の刊行がはじまったときに、ある研究者の方が、〝生きた『資本論』は新日本出版社版しかない。多くの読者に恵まれることを期待したい〟と書かれているブログを拝見しました。

全三部を邦訳した『資本論』には、これまで高畠訳、長谷部文雄訳、向坂逸郎訳、岡崎次郎訳、宮川実訳、新日本出版社旧版があります。いずれも新『メガ』や草稿が本格的に刊行される以前の時期の仕事です。マルクスの理論研究が大きな新展開を見せているときに、それを踏まえて刊行作業にあたっているのは、現在では、たしかに新版『資本論』だけということになります。文字通り、新版は、〝生きている『資本論』〟ということになるでしょう。

この点で、新版は、『資本論』邦訳史のなかでも、独自の意義をもつ刊行になったと思います。

資本主義への批判と変革への希望

私は、この間、いろいろな形で、新版『資本論』について語る機会をえてきました。そこでは、『資本論』が、資本主義的生産にたいする徹底的な批判・解明であるとともに、新しい社会への変革の展望、希望を示す著作であることを語るようにしています。

たとえば、気候危機とマルクスの理論です。

人間は、地球上で、本来、自然と交流しながら生きてゆくものです。マルクスは『資本論』で、この関係を「物質代謝」という生物学上の言葉を転用して表現しました（①七九㌻、②三一〇㌻）。しかし、利潤第一主義＝剰余価値の拡大への資本の限りない衝動は、物質代謝の前提である自然条件を攪乱し（③八八〇～八八一㌻）、現在では、地球規模での気候変動まで引き起こしています。この攪乱・破壊を規制・抑制し、人間と自然との交流を、合理的に、「人間性にもっともふさわしい、もっとも適合した諸条件」のもとですすめようというのが、マルクスの立場であり、未来社会への展望としても重視したものです（⑫一四六〇㌻）。

スウェーデンの環境活動家グレタ・トゥンベリさんは、その演説で、気候変動がひきおこす深刻な問題を直視するように訴え、〝この現状を変えなければいけない。どこに希望があるか。政府や企業ではない。人々がそれに気づき、行動し始めたときに、変えられると確信する〟と述べています。

この発言には、マルクスという言葉は一言も出てきません。しかし、資本主義の矛盾につきあった彼女の眼差しには、このシステムをみんなで変えたいという願いがあふれています。私はそこに、利潤第一主義をきびしく批判しただけでなく、これを規制し、解決する方向を語り、たたかいによって主体的条件が鍛えられることを明らかにした、マルクスとの共鳴関係を感じます。

このような話をしたところ、参加者から〝暮らしているこの地で希望を語ること、その力をつけるために新版『資本論』を学びたい〟という、うれしい感想をいただきました。

マルクスと『資本論』は、私たちにとって、縁遠い人でも理論でもありません。その理論は、私たちが直面する二一世紀の政治や経済、あるいは社会や文化の問題を考え、社会の進歩と発展をめざす、生きた力となるものです。

あらためて、新版『資本論』への幅広い注目と積極的な活用をお願いしたいと思います。

第三章　マルクスの労働時間・工場法論と現代

この章では、新版『資本論』の第一部第三篇第八章「労働日」を読むことに主眼をおきたいと思います。

Ⅰ　日本共産党綱領と『資本論』

はじめに、日本共産党綱領と『資本論』との結びつきについて述べておきます。

マルクスは『資本論』の最終目的が、「近代社会の経済的運動法則を暴露すること」にある、と述べています（第一部初版への序言、①一四ページ）。

「経済的運動法則」という場合、二つの内容が大事です。

一つは〝資本主義はどうやって生まれ、人間社会の歴史のなかでどんな役割を果たしてきたか――マルクスが「肯定的理解」と呼んだものです。もう一つは、その発展のなかで、どのような矛盾と社会変革の諸条件がつくりだされ、新たな社会への交代を展望するか、「必然的没落の理解」です（第二版へのあと書き、①三三～三四ページ）。

マルクスは、この目的を果たすために資本主義的生産の徹底的な研究に取り組み、その運動法則と社会を変革する諸条件、未来社会への展望を示す著作を生み出しました。

一方、党綱領は、二一世紀の日本と世界を分析し、社会変革の道を解明した文書です。資本主義を分析し、新しい社会をめざすという点で、『資本論』と深い結びつきをもちます。

私たちが、マルクスの理論の全体を歴史的に検討し、受けつぐべき核心の研究を続けているのも、この深い結びつきを自覚しているからにほかなりません。

(1)「新たな視野」と『資本論』

日本共産党第二八回大会（二〇二〇年一月）での綱領改定では、中国にかかわる綱領上の規定の見直しが、綱領全体に「新たな視野」を開きました。志位和夫委員長は、「新たな視野」として、世界の現状の見方、資本主義を乗り越える社会主義の展望、「発達した資本主義国での社会変革の大道」の押し出しをあげ、その意義を明らかにしています（『改定綱領が開いた「新たな視野」』、新日本出版社、一八～二二ページ）。また、改定綱領は、「貧富の格差の世界的規模での空前の拡大」と「気候変動」問題を、世界的な矛盾の焦点として特記し、未来社会に継承すべき「五つの要素」などを示しました。

志位委員長は、一連の報告、講演のなかで、これらの問題の解明にあたって、『資本論』の諸命題を研究したと述べています。いくつか見ておきましょう。

『資本論』は、格差拡大の根源が、より大きな利潤を得るために「生産のための生産」に突き進む〝利潤第一主義〟にあることを解明し、「生産手段の社会化」によって問題を解決する道を示しました（志位、前掲書一〇八～一一一ページ）。

さらに、「生産のための生産」が社会的生産力を発展させ、「各個人の完全な自由な発展を基本原理とするより高度な社会形態の唯一の現実的土台となりうる物質的生産諸条件を創造させる」ことを明らかにしました（同一三六～一四七ページ）。

マルクスは、イギリスの労働者階級が半世紀にわたる闘争で労働時間を一〇時間に制限する「工場法」を獲得したことを、資本の貪欲な搾取から自らを守る「社会的バリケード」の獲得と意義づけ、「工場立法の一般化」の意義を、つぎのように解明しました。

「工場立法の一般化は、生産過程の物質的諸条件および社会的結合とともに、生産過程の資本主義的形態の諸矛盾と諸敵対とを、それゆえ同時に、新しい社会の形成要素と古い社会の変革契機とを成熟させる」（③八七七ページ）。

これは、資本主義のもとでの労働者階級の闘争とその成果が、未来社会につながる意義をもつことを先駆的に示したものです。

人間と自然をめぐる問題でも

『資本論』は、気候変動の問題でも重要な視点を提供しています（志位、前掲書一一二～一一八ページ）。

マルクスは、人間が社会的交流とともに、自然との豊かな交流のなかで生きていることを強調し、これを、労働を媒介とする人間と自然との「物質代謝」①と位置づけました（①七九ページ、②三一〇ページ）。さらに、利潤第一主義が、物質代謝の前提である自然条件を攪乱することを鋭く警告しました（③八八〇〜八八一ページ）。現代では、この攪乱が地球規模での気候変動まで引き起こす事態になっています。また、未来社会への展望として、こうした攪乱・破壊を規制・抑制し、人間と自然との交流を、合理的に、「人間性にもっともふさわしい、もっとも適合した諸条件」（⑫一四六〇ページ）のもとですすめるという、重要な提起をおこなっています。

こうした解明は、改定綱領の新たな規定の理論的基礎にすえられたものです。さらに、新型コロナの感染拡大が示した現代の日本と世界の諸問題、そして今後の社会のあり方を考えるうえでも、『資本論』に有効な視点があることが明らかになっています。

(2)『資本論』の歴史をふりかえる

マルクスは、一八四〇年代にパリで経済学の研究を始めます（本書末尾の『資本論』年表参照）。四八／四九年革命の敗北後、マルクスは、ロンドンに亡命し、大英博物館を舞台に本格的な経済学研究に取りかかります。学生時代に独特の読書方法を開拓したマルクスは、抜き書きをつくりながら、先行研究の問題点と到達点をつかみ、あらたな課題の探究にすすみます。この時期に作成したノートが、「ロンドン・ノート」（二四冊）です。

一八五七年、マルクスは経済学草稿の執筆に入ります（『一八五七〜五八年草稿』、邦訳『マルクス資本論草稿集』①、②　大月書店）。当時、マルクスは、「利潤率の低下」現象が恐慌をひき起こし、体制的危機にもつながると考えていました（本書第二章四〇～四三ページ参照）。この見立ては、六一年から六三年にかけて執筆した二回目の経済学草稿（『一八六一～六三年草稿』、邦訳『マルクス資本論草稿集』④～⑨）、六四年に執筆した第三部草稿の前半部分（現行の第三篇、とくに第一五章）でも維持されていました。

そのマルクスが、一八六五年前半に執筆した第二部の最初の草稿（第一草稿）のなかで、恐慌の起こる仕組みについて、つぎのような発見をしたのです。

〝資本家は、生産した商品を商人に売ることで、消費者の手に現実に商品が届かなくても、商品の貨幣への転化を先取りすることができるようになる（「流通過程の短縮」）。資本家はこの貨幣を使って生産を加速させるが、そこでは、商品の販売が現実の需要から独立してゆく「架空の需要」が生まれる。こうして資本主義的生産がこの「架空」の軌道を走ることで、「生産と消費との矛盾」の累進的な拡大がおこり、恐慌となって爆発する〟（新版『資本論』⑦八五八ページ＊2参照）。

恐慌論での発見とその後の研究

マルクスは、この発見によって、恐慌が資本主義の運動のなかで循環的に起こる経済現象である

① マルクスの「物質代謝」論については、本書第一章の「（2）労働を媒介とする人間と自然との「物質代謝」」参照（一四～一九ページ）。

ことをつかみ、利潤率の低下に恐慌と体制的危機の動因を求めた以前の見方を乗り越えます。そして、資本主義的生産の発展とそのもとでの矛盾の発展、社会変革の諸条件の成熟を本格的に研究するようになり、『資本論』の組み立てと内容も大きく転換させました。

マルクスは、その後に執筆した第三部草稿の後半部分（現行の第四篇〜第七篇）で、恐慌が起こる過程での商人資本の役割や信用制度の問題をはじめて立ち入って研究します。

さらに、「資本」と「賃労働」を別個の巻で論じる予定であった『資本論』の著作構想を変更し、第一部に賃労働の分析を含め、第三篇第八章「労働日」や第四篇「相対的剰余価値の生産」で、労働者階級の発展過程の分析を詳しく研究することにしました。

こうして第一部の初稿（一八六三〜六四年執筆）に手が加えられ、マルクスは、完成稿（一八六六年一月〜六七年四月執筆）で、資本主義的搾取の分析とそれに対応する社会変革の主体の成長の分析を統一的にすすめました。第七篇第二三章で「資本の増大が労働者階級の運命におよぼす影響」を取り扱い（④一〇六八ジペー）、同第二四章に、資本の側の搾取強化とそのもとで「訓練され結合され組織される」労働者階級の闘争を軸にした社会変革の必然性、いわば新しい変革論を書き込んだのです（④一三三二ジペー）。

マルクスの理論的転換は、国際労働者協会（インタナショナル、一八六四年創立）が、労働者運動の階級的任務についての方針をつくりあげてゆく、まさにその時期におこなわれたものです。たとえば、ジュネーヴ大会（一八六六年）での決議「労働日の制限」、「協同組合労働」、「労働組合。その過去、現在、未来」などは、すべてマルクスが起草しました（古典選書『マルクス　インタナショナル』に収録）。『資本論』第一部の刊行も、ローザンヌ大会（一八六七年）の開催に間に合うようにと努力したものでした（実際の刊行は大会直後となる）。ここにも、革命運動とマルクスの研究との密接な関連があります。

エンゲルスは、第二部第一草稿（一八六五年前半執筆）での恐慌論の発見とマルクスの理論的転換に気づかず、第二部、第三部の編集のさいにも、これを見落としていました②。

新版の改定作業では、新書版の訳文、訳語、訳注の全体を見直すとともに、エンゲルスの編集上の問題点を解決しながら、マルクスの研究の到達点を明確にすることに特別の力を入れました。

二〇一九年九月に開かれた新版『資本論』刊行記念講演会で、不破哲三・日本共産党社会科学研究所所長は、新版『資本論』刊行の意義について、つぎのように指摘しました。

「私たちは、エンゲルスも十分に読み取る機会と条件がなかった『資本論』成立の歴史が、資料の面でも、これだけ明らかになった現在、この仕事をやりとげることは、マルクス、エンゲルスの事業の継承者としての責任であり、義務であると考えて、この仕事に当たってまいりました。そして、今回、発刊する新版『資本論』は、エンゲルスが、資料も時間も十分にもたないなかでおこなった編集事業の労苦に思いを寄せ、その成果を全面的に生かしながら、『資本論』の執筆者であるマルクスの経済学的到達点をより正確に反映するものになったことを確信しています」（『資本

② これらの経過とマルクスの研究の発展については、不破哲三「マルクス研究　恐慌論展開の歴史を追って」（『「資本論」完成の道程を探る』に収録、新日本出版社）を参照。新版『資本論』では、⑤一〇ページ＊2でこの点を説明している。

論』編集の歴史から見た新版の意義」、『「資本論」完成の道程を探る』、新日本出版社に収録。同五四ページ）。

こうして生まれた新版『資本論』への挑戦は、マルクスの到達した理論的立場を鮮明にとらえるとともに、改定綱領で開かれた「新たな視野」の内容を歴史と理論の裏づけをもって理解する、絶好の機会になるものと思います。

［講義では、Ⅱとして「新版『資本論』の改訂で重視したこと」を紹介しました。本書では、第二章でこの点を取り上げましたので、割愛しました］

Ⅱ　第一部第八章「労働日」を読む

つぎに、新版『資本論』を手に取りながら、その魅力を直接、読み取ってゆきたいと思います。第二分冊の第一部第三篇第八章「労働日」を開いてください（②三九八～五三四ページ）。

「労働日」研究の重要性

「労働日」とは、一日の労働時間のことです。一日の労働時間の長さは、労働者階級にとって、生活と労働をめぐるもっとも重要な条件の一つです。

労働時間は、労働者の労働力の価値、つまり彼の必要生活手段の価値を生産するのに相当する「必要労働時間」と、剰余価値を形成する「剰余労働時間」からなり、剰余価値は資本家に搾取されます（②三七三～三七四ページ）。ですから、労働時間の長さがどうなっているのかは、経済学にとっても私たちの社会にとっても大問題で、労働時間の増大による剰余価値の生産をとりあげる第八章は、第一部で三番目に長い大長編の章となりました。第八章は、分量的にも、第一部のおよそ一割を占めています。

マルクスは、初版への「序言」のなかで、「イギリスの工場立法の歴史、内容、成果にたいして、本巻のなかであのように詳しい叙述のページをさいた」とふりかえり、「一国民は他の国民から学ばなければならないし、また学ぶことができる」と述べました（①一三～一四ページ）。

本章のはじめ（六六ページ）に紹介した『資本論』の最終目的も、この話のつづきに出てきます。

「ある社会が、その社会の運動の自然法則の手がかりをつかんだとしても――そして近代社会の経済的運動法則を暴露することがこの著作の最終目的である――その社会は、自然的な発展諸段階を跳び越えることも、それらを法令で取りのぞくことも、できない。しかし、その社会は、生みの苦しみを短くし、やわらげることはできる。」（①一四ページ）

そうだからこそ、工場法と労働時間をめぐる諸問題を具体的に研究しようというのです。

二つの留意点

第八章は、内容的には大きく二つにわかれています。

一つは、第一節「労働日の諸限界」です。ここで、労働日をめぐる原理的な解明がおこなわれます（②三九八〜四〇五ページ）。

もう一つは、第二節から第七節で、「労働日」の標準化（一日の労働時間への制限を定める）をめぐる歴史と現状についての分析です。ここには、とりあげる問題によって、いくつかのまとまりがあります（②四〇五〜五三四ページ）。そのまとまりについては、読んでゆくなかで紹介します。

第八章を読むさいには、二つの留意点があります。

一つは、一八六五年の理論的転換をうけて、第一部完成稿で拡充された内容が含まれていることです。以前の経済学草稿では、あまり取り上げられていない内容も出てきます。ここをよく読み取ることが大切です。

もう一つは、初版には見出しも節区分もなく、現在の七つの節区分と見出しは第二版でつけられたことです。節区分をふまえつつも、論述の流れを的確におさえる必要があります。

なお新版では、第八章「労働日」に三五の新しい訳注を加え、はじめて登場する地名には、割注をつけています。

(1) 労働日（一日の労働時間）を決めるもの（第一節）

第一節「労働日の諸限界」は、短いながらも、大事な中身がたっぷりと書いてあります。

一日の労働時間の説明として、線分ａ―ｂ―ｃが出てきます（②三九八ページ）。ａ―ｂが必要労働時間、ｂ―ｃが剰余労働時間です。以前の経済学は、労働時間が具体的にどうなっているかの分析はあまりやりませんでした。労働日を可変量として分析したのも、マルクスがはじめてです。

一日は二四時間ですが、人間には肉体的な限界があり、「知的および社会的な諸欲求の充足」のための時間も必要です。労働日には、「肉体的および社会的な諸制限」があるわけです（②四〇〇ページ）。

第八章でも、「労働力がその価値どおりに売買される」ことが前提です。この商品交換の法則のもとで、資本家は、労働時間をできる限り延長しようとします。

「資本は唯一の生活本能を、すなわち自己を増殖し、剰余価値を創造し、その不変部分である生産諸手段で、できる限り大きな量の剰余労働を吸収しようとする本能」をもつ。そして、労働者が、「自由に処分できる時間を」――未来社会論のところに出てきた用語です――「自分自身のために消費するならば、彼は資本家のものを盗むことになる。」（②四〇一ページ）

マルクスは、このように皮肉も込めて「資本の魂」を告発しています。

工場立法の歴史を重視した初版への「序言」でのマルクスの文章を紹介しましたが、さきに引用した文章のつぎに、『資本論』では、個々の資本家の善悪ではなく、「経済的諸カテゴリーの人格化」、「特定の階級的諸関係や利害の担い手」として、資本を問題にするのだとあります（①一四ページ）。これも、第八章を念頭に置いての注意書きです。

労働時間にたいして労働者はどうするか。

「僕は標準労働日を要求する。なぜなら、僕は他のすべての販売者と同じように、自分の商品の価値を要求するからである。」（②四〇四ページ）

こうして、労働時間の制限、標準化の決着は、「総資本家すなわち資本家階級と、総労働者すなわち労働者階級とのあいだの一闘争——として現われる」（②四〇五ページ）。資本家と労働者のあいだの闘争、二つの立場の対決によって決まるという規定が出てくるわけです。

（2）労働日の標準化の歴史と現状（第二節〜第七節）

第二節から第七節には、内容上、いくつかのまとまりがあります。

□「労働日」の標準化をめぐる歴史的な序論（第二節前半）

その一つは、第二節前半（②四〇五〜四一四ページ）です。ここに「労働日」の標準化をめぐる歴史的な序論があります。

マルクスは、イギリスの工場主と、ドナウ諸侯国（現在のルーマニア周辺）のボヤールという封建領主との対比を通じて、剰余労働にたいする資本家の際限のない渇望を示します[③]。工場主はいろいろな手をつかって労働時間の増大をはかり、ボヤールは、領主に提供すべき夫役労働などを増やします。後者では何日分の耕作、運搬労働を提供するか、はっきりわかります。そういう対比をしながら、資本家の際限のない搾取という問題を提起しています。

ここに、工場立法についての最初の性格規定がでてきます（②四一三〜四一四ページ）。ドナウ諸侯国では、「レグルマン・オルガニク」（基本法）がつくられますが、これは剰余労働にたいするボヤールの渇望を「合法化」したものです。これにたいし、イギリスの工場法は、労働日を制限することによって、「労働力を無制限にしぼり取ろうとする資本家の熱望を制御する」ものです。

マルクスは、一八五〇年の工場法（一〇時間労働法）を紹介し、工場法の実施状況を点検する工場監督官の報告書④が、「剰余労働にたいする資本家の渇望の継続的かつ公式の統計を提供する」と、指摘しています。

□搾取の生々しい実態と「社会による強制」（第二節後半〜第五節前半）

二つ目のまとまりは、第二節後半から第四節にかけてです。ここでは、資本家による搾取の生々しい実態が、各種の公的報告書などをつかって、暴かれます（②四一四〜四六二ページ）。報告書などからの引用も多いので読み飛ばしがちですが、マルクスは、理論的な展開を数々の歴史的事実で証明しようと努めています。現代の労働現場を念頭に置きながら、じっくり読みたいと

---

③　マルクスは、剰余労働にたいする資本家と領主の渇望について、イギリスでは『工場監督官報告書』、『児童労働調査委員会報告書』、ドナウ諸侯国では、エリア・ルニョー（一八〇一〜一八六八）の著作『ドナウ諸侯国の政治的社会的歴史』（一八五五年）を利用して、その実態を研究した。邦訳『ルーマニア史ノート』（一九七九年、大月書店）は、マルクスによるルニョー研究の一部をなす。

④　イギリスは、一八三三年、労働時間など工場法の規定が公正に実施されているかどうかを点検するために、工場監督官の制度を敷いた（当初の監督官はレナド・ホーナーをはじめ四人）。監督官の点検報告『工場監督官報告書』は、半年ごとに分厚い報告書にまとめられ発表された。マルクスは、『資本論』で一八四一年から六六年までの四〇冊の報告書を縦横に活用している。

ころです。

労働時間のちょろまかし

まず、第二節後半（②四一四～四二一ページ）です。

「しばらく、われわれは工場監督官たちの言うところを聞こう」――という一句からはじまり、一八五〇年八月に成立した工場法⑤のもとで、労働時間の増大をはかる資本家の衝動とその実態をするどく告発します。

注48の内容は、「『労働日』にかんする篇を歴史的に拡大した」と述べたエンゲルス宛の手紙とあわせて読むと、マルクスの研究の経過もわかり、面白いと思います（一八六六年二月一〇日の手紙）。

つづいて、資本家が労働時間を延ばすために、食事時間や休養時間まで削っているとして、「数分間のちょろまかし」、「ひったくり」、さらに「食事時間のかじり取り」という労働者の言葉もつかって、その衝動のすさまじさが示されています（②四一五～四二〇ページ）。工場監督官レナド・ホーナー（一七八五～一八六四）の報告によれば、「ちょろまかし」や「かじり取り」分だけで、週に五時間四〇分も奪い取られるというのです。

搾取の法的制限のない部門

マルクスは、第三節で、搾取の法的制限の及んでいない産業部門に目を転じます（②四二一～四四七ページ）。

ます。

「二、三の生産部門に目を向けよう」といいますが、実際には、八つの部門が事例として出てきます。

最初は、レース製造業での児童の二〇時間におよぶ長時間労働の実態です（②四二二ページ）。つづいて製陶業での長時間労働と胸部疾患などによる早期死亡（②四二三ページ）、マッチ製造業での燐毒の問題（②四二六ページ）、労働しながら食事をさせるなど、人間が労働手段の補助材料になっている壁紙工場（②四二七ページ）、製パン業での不純物まじりのパン製造と長時間労働のしぼりだし（②四三〇ページ）、日曜日に追加労働をおこなう農業労働者（②四三八ページ）、過酷な労働となっていた鉄道労働と鉄道事故（②四三八ページ）、さらに、婦人服仕立所（②四四二ページ）、鍛冶屋（②四四六ページ）での労働実態です。

労働時間の規制が及んでいなかったこれらの部門の実態は、何人もの児童、少年、少女、女性、医師たちの証言[6]で生々しく告発されています。

一例だけ、見ておきます。

一八六三年六月二四日、ロンドンの新聞に「単なる働き過ぎからの死」というセンセーショナル

⑤　法律によって労働時間を制限するためのイギリス労働者の闘争は、一八世紀末に始まり、一八三〇年代には広範な労働者が参加する大規模な運動となった。最初の一〇時間労働法は、綿、羊毛、亜麻、絹工場での青少年労働者と女性労働者にだけ適用される立法として、一八四七年六月、イギリス議会を通過し、四八年五月から実施された。しかし、資本の側が、多くの脱法行為で成年男性に長時間労働を強要する態度をとったため、五〇年八月、工場主たちの脱法行為を禁止する追加工場法が採択され、一〇時間労働制が男性をふくむ全労働者に適用されることになった。

な見出しをつけた記事が出ます（②四四二ページ）。二〇歳の女性労働者、メアリー・アン・ウォークリー（一八四三～一八六三）が、一六時間半をこえる連日の労働のうえに、二六時間半もの労働を強いられ、息絶えたという記事です。王族用の舞踏会ドレスを短期間に仕上げるために、六〇人の女性労働者が狭い部屋に集められ、そのうちの一人ウォークリーが「過労死」したのです。

マルクスはこの悲報を知って、たいへん驚き、執筆していたノートのなかに、「これは引用しなければならない」と書き込みました（『資本論草稿集』④二八一ページ）。そして、『資本論』では、その名を四回もあげて、この事件をとりあげたのでした。『資本論』で四回も名前をあげられた労働者は、ほかにいません。過労死を生むような事態を、マルクスは、経済学としても、人間としても、許せなかったのです。彼が、意識的に書き込んだ個所ですから、新版では、マルクスが読んだと思われる「タイムズ」などの論説を紹介し（②四四五ページ＊1）、第一二分冊に収録した人名索引で、ウォークリーの項を立てました。

これらの産業部門にも、やがて工場法が適用されてゆきますが、この点は第六節末尾で取り上げています（②五二一～五二四ページ）。

夜間労働、交替制

第四節は、「昼間労働と夜間労働。交替制」です（②四四七～四六二ページ）。

主題としてははじめで論じるものですから、マルクスは、最初に原理的な説明をしています。ここでは、一日、二四時間の全体にわたって労働をわがものにしたい、その〝内在的衝動〟から、資本家が昼夜交替制などを導入したことが明らかにされます（②四四七ページ）。夜間労働、交替制の導入は、恐るべき長時間、過度労働をもたらしました。

つぎに、この問題が、多くの児童、女性たちの証言によって暴かれます。当時のイギリスでは、綿工業や絹工業が、大産業部門で、資本家は、機械を連続的に運転するために、六歳から一八歳までの児童、年少者、そして女性たちを、長時間の労働に駆り出しました。この産業では製造過程で糸切れやクズなどが出ます。資本家は、これを機械から取りのぞく危険な作業や成人労働者の補助のために、児童と女性の労働を利用していました。

マルクスは、朝六時から翌晩八時半まで続く圧延工場での過酷な労働実態などをあげ、そこでの限界を超える過度労働は、「残酷で信じがたい」ものだった、と述べています（②四四九～四六一ページ）。証言としては、『児童労働調査委員会』の六四年、六五年、六六年の報告が使われていますから、この論述の多くが完成稿でまとめられた内容だと考えられます。

なお、第八章は、労働時間を問題にしていますから、夜間労働や交替制の問題も、その角度から論じています。『資本論』第二部に入ると、同じ問題が、「資本の循環」の角度から取り上げられます（⑤一九八ページ）。資本主義的生産の継続には、できるだけ速く資本を回す必要があり、そのため

⑥　多くの証言は、『児童労働調査委員会』第一次報告書によっている。一八六二年に任命されたこの委員会は、一八六七年まで、労働時間の法的規制を受けていない産業の実態を調査した。マルクスは、六三年八月頃に第一次報告書を入手し、続刊を待っていた（一八六三年八月一五日のエンゲルスへの手紙）。

に、夜間労働を利用するのです。このあたりの、研究のすすめ方が、マルクスらしいところです。また、長時間、過度労働によって労働者の生命と健康が〝浪費〟される問題は、第三部第一篇第五章「不変資本の使用における節約」（⑧一三五〜一八三ページ）で論じられています。

「大洪水よ、わが亡きあとに来たれ」

マルクスは、第五節の前半部分で、第一節から第四節で検討してきた「労働日」をめぐる問題の理論的整理をおこないます（②四六二〜四七三ページ）。第一節で、問題を提起し、第二節から第四節で生々しい具体例を告発し、ここで理論的整理を加えたのです。

剰余労働を求める資本の衝動、渇望は、「労働日の精神的な最大限度のみではなく、その純粋に肉体的な最大限度をも突破」し、「労働力の寿命を短縮することによってこの目的を達成する」（②四六三ページ）。そして、労働者は、本来「自由に処分できる時間」を資本の自己増殖のために強奪されている、とします。

続いて、次のように述べています。

「本質的に剰余価値の生産であり剰余労働の吸収である資本主義的生産は、労働日の延長によって、人間的労働力の萎縮をつくり出して、人間的労働力がその正常な精神的肉体的な発達諸条件および活動諸条件を奪いとられるだけではない。それは労働力そのもののあまりにも早い消耗と死亡とをつくり出す。それは、労働者の生存時間を短縮することによって、ある与えられた期限内にお

ける労働者の生産時間を延長する。」（②四六四ページ）

これが、労働時間をめぐる実態であり、人間社会の大問題だと、マルクスは言うのです。

こうした整理のうえに、「大洪水よ、わが亡きあとに来たれ！」が資本家の立場であり、それは労働者に「肉体的、精神的萎縮、早死、過度労働の責め苦」をもたらす。しかも、剰余労働を求める資本の衝動は、利潤を増やすのがわれわれの楽しみなのだから、労働者の苦しみに悩むことはないのだ――と、ゲーテの詩を使って特徴づけられます（②四七一ページ）。

マルクスは、ここで、資本の横暴をおさえる「社会による強制」の重要性を提起します。「資本は、社会によって強制されるのでなければ、労働者の健康と寿命にたいし、なんらの顧慮も払わない」からです。相手は、資本主義的生産の内在的な法則です。この重要な提起も、これまで検討してきた研究内容を踏まえて理解してこそ、現代の問題にたいする理論的指針として生かすことができると思います。

□イギリスにおける標準労働日獲得の歴史（第五節後半～第六節）

第五節後半（②四七三～四八七ページ）から第六節（②四八七～五二四ページ）は、イギリスにおける標準労働日獲得をめぐる歴史部分です。

マルクスは、「資本家と労働者とのあいだの数世紀にわたる闘争の成果」（②四七三ページ）である標準労働日（一日あたりの労働時間の標準）の確立をめぐる闘争を振り返るさいに、これを二つの流れ、歴史的時期にわけてつかむことが大事だと述べています。

第一の時期は、「一四世紀なかばから一七世紀末」までの、労働時間を強制的に延長するための強制法を押し付けた時期、第二の時期は、「一八三三年―一八六四年のイギリスの工場立法」の時期で、法律によって労働日（労働時間）が強制的に制限されるようになった時期です。

労働時間を延長した第一の時期

第五節後半は、第一の時期を取り上げ、一三四九年の最初の〝労働者規制法〟から叙述をはじめます⑦。伝染病のペストが人口を激減させ、農業労働者の賃銀の高騰が起こるもとで、力ずくで賃銀をおさえることが必要になったのです。繰り返し、労働時間を延長する法が出てきますが、「ここでは労働日の限界だけがわれわれの関心事である」（②四七五ページ）としている点に注意してください。さまざまな刑罰を用意しての〝流血の立法〟という、これらの法律がもつもう一つの顔については、第七篇第二四章「いわゆる本源的蓄積」の第三節で取り上げています。

ここからは、〝〇〇王の在位何年〟という法律名がひんぱんに出てきます。新版では、王の在位年を割注で示し、法律のおおよその年代がわかるようにしました。

マルクスは、ここで、イギリスの経済学者のポスルスウェイト（一七〇七～一七六七）と匿名書の著者（カニンガム（一七二九～一七七三））との論争を紹介しています（②四八〇～四八七ページ）。経済学者のなかにも、労働者を擁護する立場と、徹底的に資本家の側に立つ立場があります。カニンガムの立場は、労働時間の規制どころか、より長い労働時間を求めるもので、現代的にいえば、資本の目先の利潤を第一にする〝新自由主義〟派というところでしょう。もちろん、マルクスは、その正体を暴き出しています。

標準労働日の獲得へ

第六節から、標準労働日を獲得する第二の時期に入ります（②四八七～五二四ページ）。

一八世紀の最後の時期に、大工業が誕生して、長時間労働への突進が始まる一方、労働者の抵抗もはじまり（②四八七～四八八ページ）、一八〇二～一八三三年までに五つの労働法がつくられます。しかし、それらは名目的なものにとどまりました（②四八八ページ）。

マルクスは、ここで、標準労働日（労働時間の制限と規制）の獲得にむかう歴史の流れを、大きく四つの節目で明らかにしてゆきます。

四つの節目とは、①一八三三年の工場法での児童労働の制限（②四八九ページ）、②四四年の追加工場法での女性の一二時間労働制と夜間労働の禁止（②四九四ページ）、③四七年の新工場法での年少者と女性の一〇時間労働制（②四九七ページ）、④リレー制度という労働時間の長さをごまかす方式を禁止し、一〇時間の標準労働日を制定した五〇年の工場法[8]（②五一五ページ）の成立です。

---

⑦　マルクスは、ジョン・バーナード・バイルス（一八〇一～八四）の著作『自由貿易の詭弁と通俗経済学の検討』（一八五〇年）を使って、最初の〝労働者規制法〟について研究した。匿名で出版されたこの著作については、『六一～六三年草稿』に最初の研究があり（『資本論草稿集』④三六〇～三六一ページ）、『資本論』では、第一部第七篇の第二四章「いわゆる本源的蓄積」でも利用されている（④一二八九ページ）。

「半世紀にわたる内乱」（②五二〇ページ）の歴史研究では、資本家階級がどのような作戦で、労働時間の規制に対抗しようとしたのか、これにたいして、労働者階級がどう対決し、標準労働日を勝ち取っていったのか、イギリスにおける階級闘争史の見事な研究を、じっくり味わっていただきたいと思います。

私は、この部分を、マルクスが自らの方法論の説明として述べてきた〝素材のさまざまな発展諸形態を分析し、その内的紐帯を探り出す。〟〝この仕事をやって、現実の運動をそれにふさわしく叙述した〟ものとして、読んでいます（①三二ページ参照）。

マルクスは、ここで、「労働者階級の攻撃力が、直接には利害関係のない社会階層のなかでの彼らの同盟者の数の増大とともに、増大した」（②五二〇ページ）と述べています。

労働者は、イギリスで工場法が勝ち取られた時期には、まだ選挙権をもっておらず、労働者の代表も議会にはいませんでした。その条件のもとで、労働者階級は、議会への請願もするし、議会内外でのたくみな運動を広げたわけです。経済学の著作ですから、それ以上の詳しい説明があるわけではありませんが、私たちの現在の運動の発展から考えても、この時点での、注目すべき言及だと思います。

□〝社会的バリケード〟を獲得した労働者（第七節）

最後に第七節です（②五二四～五三四ページ）。ここは、マルクスの利用した文献と論じられている内容から見て、全体が完成稿で執筆された部分だと考えられます。

はじめに、これまで見てきた歴史的諸事実の連関からマルクスが引き出した、二つの理論的整理が示されます。

労働時間の制限、規制は、児童と女性、繊維産業での労働時間の規制という例外的性格をもったものとしてはじまりました。産業を限定し、対象とする人々を限定しての出発です。これが徐々に広がり、しだいに例外的性格を脱却してゆきます。当時の産業では児童と女性の労働が大きな比重を占めていますから、この分野の労働時間を規制すると、成人男性の労働時間も制約されます。児童・女性労働と連携しなければ、生産自体が軌道にのらないからです。例外的な立法を脱し、さまざまな脱法の道をふさぐなかで、イギリス社会は、全体に労働時間の制限と規制を勝ちとっていったのです。マルクスは、「生産者たちの社会的諸関係」の変化が、社会的な規制をよびおこしたという点に注目しています（②五二五ページ）。

二つ目は、労働日の規制には、孤立した労働者でなく、階級としてのたたかいが必要であって、実際の歴史もそのことを示したことです。マルクスは、この歴史をふまえ、標準労働日の創造を、資本家階級と労働者階級とのあいだの「内乱の産物」だと呼んだのでしょう（②五二六～五二七ページ）。

つぎに、フランス、アメリカでの労働時間の規制の流れが紹介されています（②五二八～五三〇ページ）。ここに、『資本論』ではただ一個所となる、国際労働者協会への言及があります。一八六六年

---

⑧　一八五〇年の工場法　一〇時間労働法と言われる「一八五〇年の工場法は、その適用を受ける産業諸部門において、すべての労働者の労働日を規制した」が、その実効性は、一八五三年の補完新工場法によって補完された（②五一八ページ）。

のジュネーヴ大会で採択された決議「労働日の制限」の紹介です。

「労働日の制限が、それなしには他のすべての解放の試みが失敗に終わらざるをえない先決条件であると言明する。」（②五三〇ページ）

この決議も、マルクスが起草したものでした。

なんと大きく変わったことか

いよいよ、第七節の結びです（②五三二ページ）。

マルクスは、標準労働日をめぐるたたかいのなかで、労働者は、「生産過程にはいったときとは違うものとなって、そこから出てくる」といいます。

はじめは、孤立した労働者として、労働力を資本家に売ったが、やがて、この関係の本質を知り、自分たちを苦しめる資本の横暴にたいし、「結集し、階級として一つの国法」をかちとるまでになったのです。こうしてマルクスは、労働者階級が自分とその階級の存続のためにたたかう必然性を、歴史的、理論的に示したのでした。

そのうえに立って打ち出した命題が、労働者とその同族を「死と奴隷状態」に陥れることをみずから阻止する「社会的バリケード」⑨の獲得でした。いまの私たちの言葉で言えば、資本の横暴を国家の法律で規制する「社会的ルール」の獲得の重要性を明らかにしたものです。

当時、社会的バリケードの獲得は、法律によって制限された労働日（工場法）という形をとりました。そして、マルクスは、結びの注として、『工場監督官報告書』から、つぎの一節を引用したのでした（②五二二ページ）。

〝工場法の獲得は、労働者を自分自身の時間の主人公にすることによって、彼らに「いつか起こりうる政治権力の獲得に向かわせる精神的エネルギー」をあたえた〟。

これは、マルクスが、労働時間の規制と短縮による自由時間の獲得を、利潤第一主義を社会的に規制してゆくだけでなく、社会変革への主体を形成する契機にもなりうることを示したものです。

第七節本文の末尾は、「なんと大きく変わったことか」と結ばれています（②五三一ページ）。これまでは、「なんとひどく変わったことか」と訳されていました。労働者の階級的成長と労働時間の規制の歴史を受けた印象的な言い回しですから、新版では、「なんと大きく変わったことか」と訳文を改定しました。

第八章「労働日」を読みました。みなさんにも、いろいろな発見があったのではないでしょうか。その発見を力にして〝新版『資本論』は面白い、挑戦したい〟と、一歩でも二歩でも踏み出していただければ、これほどうれしいことはありません。

---

⑨　社会的バリケードの原語は、gesellschaftliches Hindernis——新書版では、「社会的防止手段」と訳出したが、新版では、労働時間の規制によって資本の搾取欲をおさえるという、事柄の性質を表わすように訳語を変更した。

『資本論』年表

1818年５月	マルクス　現在のドイツ・ライン州のトリーアに生まれる
1820年11月	エンゲルス　ライン州のバルメンに生まれる
1843～44年	マルクス　パリで経済学の研究をはじめる（25歳）
1848年２月	『共産党宣言』を発表。ドイツ革命に参加（48～49年）。 革命敗北後、マルクス、イギリス亡命（49年８月）。エンゲルスも
1850年	マルクス　ロンドンで経済学研究を再開（大英博物館を利用）。 53年までに24冊の抜粋ノートをつくる（「ロンドン・ノート」）
1857～58年	最初の経済学草稿を執筆（『57～58年草稿』、ノート７冊）
1859年６月	商品と貨幣を分析した『経済学批判』第１分冊を刊行（41歳）
1861～63年	２つ目の経済学草稿を執筆（『61～63年草稿』、ノート23冊）
1863年8月～64年前半	著作名を『資本論』に変え、第１部の初稿を執筆
1864年夏～64年末	第３部の前半草稿を執筆〔現行の第１～第３篇〕
	［1864年9月　ロンドンで国際労働者協会（インタナショナル）創立］
1865年前半	第２部の第１草稿を執筆（邦訳『資本の流通過程』、大月書店）
	［1865年の理論的転換――『資本論』の内容と組み立てが大きく変わる］
1865年夏～65年末	第３部の後半草稿を執筆〔現行の第４～第７篇〕
1866年１月～67年４月	新しい構想で第１部の完成稿を執筆（５～８月に校正作業）
1867年9月	『資本論』第１部をドイツで刊行（49歳）
1867～81年	第２部の諸草稿を執筆（第１草稿を含め、８篇の草稿を残す）
1872年７月～73年３月	『資本論』第１部第２版を刊行（９分冊、のち合本）
1872年９月～75年11月	『資本論』フランス語版（マルクス校閲、改訂）刊行
1883年３月	マルクス ロンドンで死去（64歳）。死後、第１部第３版を刊行
1884年５月～85年１月	エンゲルス　第２部の草稿を口述筆記で清書し（１日５～10時間で、84年10月まで）、編集原稿を作成
1885年１月～７月	エンゲルス 第３部の草稿を口述筆記で清書
1885年７月	エンゲルス『資本論』第２部を編集し、ドイツで刊行（65歳）
1887年１月	『資本論』第１部英語版を刊行（エンゲルス監修）
1888年10月～94年５月	エンゲルス 第３部の編集原稿の作成にあたる
1890年12月	『資本論』第１部第４版を刊行
1893年	『資本論』第２部第２版を刊行(エンゲルスの序言の日付は7月15日)
1894年12月	エンゲルス『資本論』第３部を編集し、ドイツで刊行
1895年８月	エンゲルス ロンドンで死去（74歳）

〔初出一覧〕

第一章　新型コロナ危機のもとで『資本論』を読む（季刊『労働者教育』一六六号、二〇二一年六月　労働者教育協会会報）

第二章　新版『資本論』の刊行とその特徴（雑誌『経済』二九六号、二〇二〇年五月　新日本出版社）

第三章　マルクスの労働時間・工場法論と現代（原題：新版『資本論』のすすめ――刊行開始一年にあたって」（雑誌『前衛』九九五号、二〇二〇年一二月　日本共産党中央委員会）

【著者紹介】
山口富男（やまぐち・とみお）
1954年生まれ
日本共産党社会科学研究所副所長
元衆議院議員（２期＝2000 ～ 2005年）

【著書】
『新しい世紀に日本共産党を語る』（新日本出版社）
『21世紀と日本国憲法』（光陽出版社）
『大学生講座・生活術』（共著、大月書店）
『ネオ・マルクス主義――研究と批判』（共著、新日本出版社）
『変革の立場と傍観者の論理』（共著、新日本出版社）
『「古典教室」全３巻を語る』（共著、新日本出版社）
『変革の時代と「資本論」』（共著、新日本出版社）

マルクス『資本論』のすすめ　「新版」で読む

2021年12月20日　初版　　定価はカバーに表示

山口富男著
発行所　学習の友社
〒113-0034　東京都文京区湯島2-4-4
TEL03（5842）5641　FAX03（5842）5645
振替　00100-6-179157
印刷所　光陽メディア

ISBN 978-4-7617-1448-2　C0036